いのち咲かせたい

助産師
山本　文子

春陽堂

まえがき　いまを全力で走りつづける

二〇一三年　早春。

オレンジ色に輝く朝日が、喫茶室の窓ガラス越しにゆっくりと上ってくるのが見えます。深夜のお産が母子ともに無事であったことを神々《こうごう》しいほどの朝の太陽に感謝しました。今日も何事もなく、みんな元気で過ごせますようにと祈りながら大きく深呼吸した私は、コーヒーを入れに立ち上がりました。

挽きたてのコーヒーの香りが部屋中に漂います。ゆっくりとドリップで落としたコーヒーをマグカップに注ぎ、大きな木のテーブルで相棒の真鍋と二人でゆっくりと飲みます。大好きな時間です。

ここは**「いのちの応援舎」**という施設の一廓にある喫茶室です。こぢんまりとしていますが、訪れる人の多くは、ここでコーヒーを飲んでおしゃべりに花を咲かせます。

七年前、相棒の真鍋と私の夫をふくめた数人で助産院と保育と高齢者の介護を併設した施設をつくりました。多機能型施設をつくる経緯や、どんな活動をしているのかについては、のちにくわしく書きます。

私と真鍋は六九歳。ふたりともベテランの助産師です。この七年間、真鍋と二人で必死に走りつづけてきました。助産院の開業時には二人とも六二歳になっていました。助産師の仕事はハードです。しかもお産は時を選びません。出産が無事に終えても、二時間おきに母子の状態を見回ります。昔は平気だった真夜中のお産もいまはこたえます。

お産がつづくと、うれしい反面、二人ともヘトヘトです。でもこうした生活を四〇年以上つづけてきた二人にとって、これが日常です。なにより、相棒も私も身体を横たえた瞬間、熟睡するという睡眠の達人なのです。

美味しいコーヒーで頭がシャキッとした私にエンジンがかかりました。入院しているおかあさんたちの朝ご飯をつくるためにエプロン姿で厨房に入ります。出産したおかあさんには、おっぱいが出やすい食事を食べてもらうことも大事な仕事です。施設にはもちろん専門の栄養士がいます。だから、私がすべての料理をするわけではありません。

私は、食はいのちの源だと考えていますから、ここで出す料理はすべて手づくりします。小さいときから料理するのが大好きな私は、助産師になっていなければ、小さな旅館かペンションのおかみになっていたかもしれません。

一通り朝食の準備をすませると、定例の体操です。朝六時二五分ＮＨＫのテレビ体操は、疲れた身体をもみほぐすのに最適なので、このテレビ体操だけは、講演で地方に出かけたときでもかならずやります。ホテルの部屋の中で一、二、一、二とかけ声をかけながら。これが私の健康で走りつづけるコツかもしれません。

おかあさんたちに朝食を出したあと、私も朝食を食べ、栄養士さんに頼まれた買い出しに出かけます。ミニバイクにヘルメット姿で、朝の市場に駆けつけ、新鮮な魚や干物、野菜などを買います。スーパーでの買い物は、私の得意とするところです。

小さいときから台所をまかされていた私は、決められた予算でどのくらいのものが買えるか、と頭の中で瞬時に計算します。暗算は唯一私の自慢な特技です。

なによりスーパーや市場が大好きな私は、講演先でもちょっとの時間があれば、買いたいものがなくてもかならずお店をのぞいてみます。東京に行ったときは、輸入商品専門スーパーをよくのぞきます。

買い物を終えると、施設にはデイサービスの利用者さんたちが来ているので、「おはよう」と声をかけながら事務室に入っていきます。このときは、施設を預かる理事長の顔です。すでに施設には、大勢のスタッフがそれぞれの仕事についていて、にぎやかです。

手短に打ち合わせを終えると、講演が入っていれば、急いで着替えて講演先に走ります。県内なら自分の車で行きます。しかし講演は全国にまたがっているため、新幹線であったり、飛行機であったり、在来線を乗り継いだり、高速バスに乗ったりとさまざまです。おかげで時刻表を見るのも得意になりました。

私の講演は、主に性教育です。子どもたちに話す日には、派手な格好をします。講演を始めたころは、私のド派手さに度肝を抜かれた先生たちが、このごろでは「地味ですねえ」と言うので少々悩んでいます。衣装を派手にするのは、私なりの計算です。子どもたちに集中してもらうための演出のひとつでもあります。

こうして朝から四役をこなして、家に帰ると二人の子の母であり、妻でもありますから、都合六役をこなしていることになります。ほんとに欲張りなことだと、自分でも呆れるほどですが、二二歳で助産師になってから、ずっと走りつづけてきたので、これからもいまを大切にしながら、生涯走りつづけることでしょう。

今年、七〇歳になります。いままで歩んできた道を記録に残しておきたいという気持ちになりました。理由は二つあります。

一つは、私の話を聞いた子どもたちの感想文の中に「自分も将来助産師を目指したい。山本さんのような仕事がしたい」というのが何件かありました。自分の話が子どもたちの人生に大きな影響を与えるかもしれないと思うと、少し怖い面もあります。助産師の仕事が、いのちの誕生からその健やかな成長にまでかかわるとてもやりがいのある仕事だということ、その反面、まだまだ性に関する偏見は根強く、強い信念がなければやってゆけないことなどを伝えたいと思ったことです。

二つ目は、私の講演活動が子どもたちだけでなく助産師、看護師など同じ看護職仲間にも広がっていったことです。その中で私のように地域に飛び出して思春期の子どもたちや、若いお母さんたちをサポートしたいと言われる方も大勢いました。それが後で述べる「いのちの応援塾・性教育セミナー」へとつながってゆきます。また私たちのように、自分たちも助産院を中核にした福祉施設を立ち上げたいという方もおり、何人かは見学にも来られました。

私はその方たちに伝えました。夢や希望は具体的なかたちにすること、いつかやりたい、そのうちにやろうでは決して実現はしない。そして一緒に夢を見る信頼できる仲間をもつこと、やると決めたら迷わず突き進むことなどをお話ししました。少しでもその方たちのお役に立てればと思い、この本を書くことにしました。

目次

第1章 人びとのぬくもりにつつまれていた少女時代

貧しいながらも心豊かな時代

いのちの応援舎は、讃岐うどんで有名な香川県高松市にあります。高松に住んで四二年。夫の転勤で引っ越してきたのですが、私は高知市の郊外にある牧野植物園（「日本の植物学の父」といわれる牧野富太郎を記念して建てられる）のすぐそばで生まれました。山と川、そして緑の田畑に囲まれた小さな町です。

故郷を離れて半世紀、年のせいでしょうか、このごろ、少女期を過ごした昭和三〇年ごろの故郷を良く思い出します。なによりも懐かしいのが、そこで暮らした人びとのぬくもりです。

その故郷も、いまはもうありません。トンネルが山を削り、川をつぶして道路は拡張され、私の家も飲み込まれてしまいました。

夏休みには、家の前を流れる川でよく泳ぎました。川にはところどころに石積みの階段があり、そこが子どもたちの泳ぐ場所です。男の子たちは橋の上からダイビングをしていました。いつの間にかやってきた近所のおばさんが、わたしたちを見守ってくれました。

道路をバスが走っています。土煙をあげながらゆうゆうと走り去っていきます。チリンチリンとカネを鳴らしながら自転車のおじさんが、ゆっくりと通り過ぎます。アイスキャンデー売りのおじさんです。大きな麦藁帽子、首にはタオルを巻き、いつもにこにこしていました。

夕食の後は夕涼み。ござとうちわをもって昼間泳いだ川にかかる橋に集まります。カランコロンと下駄がひびく木の橋でした。川を渡る風はやさしく人びとのあいだを流れていきます。女の人たちは浴衣を着ていました。卵色の満月が川面《かわも》にゆれる夜は、ついつい夜がふけるのを忘れたものです。おとなたちは幽霊の話をして、わたしたちを怖がらせました。帰るとき、わずか五〇メートルほど先のわが家まで一目散で走ったものでした。

夜は蚊帳《かや》をつって家族四人、川の字で寝ました。もちろん冷房などありません。開け放しの窓から入る夜風は、天然のクーラーでした。少しかび臭い蚊帳の匂い、豆球のほんのりした灯、家族を身近に感じながら眠る夏の夜は大好きでした。

寝ていてもいろんな音や声が聞こえてきます。裏山からふくろうの鳴き声、庭の虫の音《ね》、道を歩く人の話し声、だれの声かすぐわかりました。

お隣はいつもにぎやかでした。早く寝かせようとお孫さんを叱るおばあさんの声。孫たちも負けていません。少しお酒が入って声が大きくなったお父さん。いまにして思えば、普段の生活のなかから聞こえてくる音や人びとの話し声は、とても心地いいものでした。

冬の焚《た》き火、もらい風呂など思い出せばきりがありません。町には生活の音があふれ、隣の人の体温を感じるほどの身近な距離で暮らしをしていました。腰が九〇度に曲がり、杖《つえ》に頼りながらもおばあさんたちは結構早く歩いていました。町中が顔見知りです。庭先で顔があうとトコトコやってきて、ひとしきり世間話です。おばあさんの声は大きく、良く笑いました。貧しいながらも心豊かに生きている時代だったように思います。

母の喜ぶ顔が見たい

私は三人きょうだいの末っ子です。姉と兄、母と四人家族でした。父は私が四歳のときに病死したので、父のことはあまり覚えていません。

私が知っている父は、庭の一廓につくられた離れでいつも臥《ふ》せっていました。戦後、父は結核をわずらい、子どもたちに感染させまいと、離れで生活していました。そこには医者と母以外は入ることができませんでした。だから私は父に抱かれたことがありません。父の姿はガラス戸越しに見るだけでした。

父のいない私の家では、母が近所の米屋につとめて細々と生計をたてていました。でも、私はそんな生活をみじめだと感じたことは一度もありませんでした。一九五一（昭和二六）年ごろの日本は、まだみんな貧しかったからです。

母はいつも「上を見てはいけません。下を見たら、あなたはしあわせでしょ。住む家があって、麦ごはんでも食べられるし、野菜は庭にあるし、洋服もちゃんと着ているでしょ。着替えたくても着替える服もなくて、ボロ着ている子もいるでしょ」と私たちに言い聞かせていましたから。

母の言うとおり、野菜は庭でつくっていました。当時化学肥料なんて買えなかったものですから、人糞を肥料にして野菜を育てていました。さぞかし隣近所はくさかったことでしょう。

母の言い聞かせは見事で、私は自分が可哀想だと思うことなく、のびのびと育っていました。ところが、あるとき父の友人だという人が黒塗りの車でやってきて、古着を着ていた私を見て「おとうさんが生きていたら、こんな生活はさせなかったろうに……」と言うなり、ポロポロ涙をこぼしたのです。

父は病気になるまえは、かなり手広く商売をしていたようですから、そのときの生活を知っている人からみたら、私の家族はみじめに見えたのでしょう。幼かった私には、このおじさんはなんで泣くのだろうと不思議に思うだけでした。

小学校四年生になったときのある日、母は私を呼んで、座りなさいと言うなり、目の前に八〇〇〇円を出してこう言ったのです。

「今日からあなたが夕飯をつくりなさい。お母さんの給料は八〇〇〇円です。文子、これで一ヵ月どうやりくりするか考えなさい。米は一日一升炊いてね。一升は一八〇円です。あとのおかずは、自分で考えてやってちょうだい」

一〇歳をすぎたばかりの私は、正直どうやったらいいかわかりませんでした。一八〇円のお米を三〇日炊くと五四〇〇円です。お米代を除くと二六〇〇円しか残りません。味噌、醤油、砂糖、塩、油などの基本的な調味料代もかかります。何度も必要なものを帳面に書いて計算してみました。そしてついに、夕飯のおかず代を四人で四〇円におさえればなんとかなると思ったのです。

当時、油揚げ六円、豆腐一丁一〇円、鯵《あじ》一匹五円か六円、卵一個が一〇円でした。みんなに喜んで食べてもらうにはどうしたらいいのか必死でしたから、あのころの値段をいまでも鮮明に覚えています。

野菜は庭にあるものを使います。裏山では春先に「イタドリ」という野草が採れます。イタドリは下準備が大変ですが、油揚げと炒め煮すると、とても美味しいので私は大好きです。高松では食する習慣はあまりないようですが、私の施設では、春先にはかならず食膳にだすようにしています。ただ旬の時期は短いので、忙しさに取りまぎれていると採り損なうこともありますが……。

家のまえを流れる川は海に流れ込んでいるので、海の近くでは牡蠣《カキ》が採れます。よく弁当箱をもってカキ打ちをやりました。青のりもとれるので、たくさん採ってきて、庭に縄を張って乾燥させ、味噌汁の具やふりかけにしました。

五年生の冬休みのことです。近くの雑貨店に何日間か働かせてもらって、そのバイト代すべてを費やして母と兄と姉、自分にバナナを四本買ってプレゼントしました。雑貨店のおばちゃんは「文ちゃん、四本も買ったらあんたが働いた分が全部なくなるよ、いいの?」と何回も聞きます。

「いい。クリスマスのプレゼントをみんなにするんや」と自慢げに言う私も、当時のバナナは高級品で、病気にでもならないと食べられないものだということは知っていました。だからこそ、自分が働いたお金でプレゼントできれば、母や姉や兄がどんなに喜ぶだろうと思ったのでした。

洗濯も私の仕事です。洗濯機はまだありませんから、すべて手洗いです。下着類は家で洗いますが、大物のシーツ類は、水道代がもったいないから一キロ先の裏山の谷川に行って洗いなさいと母が言います。おばさんたちに混じって谷川で洗うのはなんでもないのですが、なにしろ手しぼりですから、帰りのバケツの重さは、ほんとうに小さな身体にはこたえました。

母が働いてごはんを食べさせてくれるのだから、洗濯も夕飯つくりもあたりまえだと思っているのと、親孝行するのが美徳のようなマンガや小説の主人公にでもなったつもりもあったのです。

でも、近所のおばさんたちは「文ちゃんはすごいね、みんな文ちゃんを見習いなさい」とほめてくれます。それが、うれしいやら恥ずかしいやら。重いバケツも毎日の夕飯づくりも、当の私には悲愴感なんて微塵《みじん》もなかったのですから。

ともかく、身体を動かして働くことが大好きでした。現金収入の少ない母子家庭ですから、自分で欲しいものがあるときは、近所の赤ちゃんを子守りしたり、山の上にある茶屋に働きに行ったりしました。

高知にはお遍路《へんろ》さんがよく来ます。私の住む家の近くには四国霊場三十一番札所・五台山竹林寺があり、そこには茶屋がありました。

休日には、貸し切りバスで大勢のお遍路さんが来ます。おばさんたちにまじって私は、くるくる機敏に働きました。暗算が得意なので、おでん何本でいくらと勘定がさっとできます。おでんの仕込みなども、主人に命令されるまえに、卵をゆでて殻をむいたり、テーブルをさっとかたづけたりします。ともかく手早いので、主人にはとても重宝だったようです。「文ちゃん一人で十分やなあ」と言われるほどでした。

あるとき、天気が良くないから今日は客も少ないのでおばさんたちに来ないでいいよと言っておきながら、私だけこっそり呼ばれて、いつもの倍額ももらったこともありました。

女も資格をもちなさい

小さいときから働くことがあたりまえとしつけられて育った私は、身体は大きくありませんでしたが、ともかく丈夫でした。元々丈夫に生まれたこともありますが、母のしつけもよかったのだと思います。

というのも、父が結核で亡くなったので、母は私たちの健康にはものすごく気をつかっていました。贅沢な食事はできませんでしたが、西式健康法の一つで、平床寝台で寝るという方法を私たちに実践していました。

当時ベッドはありませんから、せんべい布団で寝て、かけ布団もなるべく薄いものにするのです。この固くて薄い布団で眠る習慣が、私を丈夫にしてくれたのでしょう。いまでも厚い布団や、柔らかいマットは苦手です。

近所のおとなたちからは孝行娘だと評判はよかったのですが、私の肌が浅黒かったので子どもたちから〝くろんぼ〟とはやしたてられたりしました。それが、思春期になっていた兄には、いやだったのでしょう。私の色が黒いのはおふろでよく洗わないからあかがついているのだと言って、風呂場に私を連れ込み、軽石でゴシゴシ顔や手足をこすります。「おにいちゃん、いたいよォー」と悲鳴をあげる私の声を聞きつけて、母が飛んで来て止めてくれました。姉は私の目から見ても色白でした。同じ姉妹なのかと思うほど私とは違うのですから、兄にしてみれば納得がいかなかったのでしょう。

「おねえちゃんは、からだが丈夫じゃないから、文子は丈夫だから」と母はよく言っていました。どうせ黒いのだから徹底的に黒くなってやろうとひらきなおることにしました。でも内心では、いじめるやつは許さない、と思っていました。

小さいときからの同級生に、なんの病気かは知りませんが、口をきかない子がいました。いまでいう自閉症でしょうか、その子はよくいじめられていました。私には何も言い返せないその子の気持ちが痛いほどわかりますから、いじめっ子は容赦しませんでした。

その子は授業中でもトイレに行きたくなると、私にだけサインを出します。先生も承知していたので、私はその子を連れて出ようとすると、くさいと子どもたちがはやしたてます。「そんなことを言うな！」と私は、いじめっ子たちを大声でいさめ、にらみつけます。

いつもその子をかばう様子を見た中学の校長が、「文子は看護師になれ」と言ってくれた言葉が胸に響きました。そして看護師になろうと決めたのは、「これからの時代は、女も資格をもつべき」と言った母の一言でした。

母は裕福な家に育ったので、当時としては高等教育を受けていました。でもそれは師範学校でも、看護学校でもない普通の学校でした。教師になることも、看護師になることもできません。

まさか、こんなに早く未亡人になるとは想像もしていなかったことでしょう。子どもたちを育てるために現金を稼がなくてはいけませんが、母の学歴は何の役にもたたなかったのです。資格がないために米屋で働くことしかできなかった。そのときに女も「資格」をもっていないと、お金を稼ぐのは容易なことではないと痛感したのだと思います。

子どもたちには教育を受けさせよう、それも教育の機会は三人平等に与えようと母は考え、日常生活は倹約と節約で厳しく引き締めたのです。

実は、父が残した蓄えはあったことが後年になって知りました。母はそのすべてを三人の教育にあてると決めていたのです。母子家庭で三人の子ども全員を高等学校まで出すというのは、当時としては大変なことでした。しかし母の強い意志のおかげで、私たちは教育という大きな武器を与えてもらいました。それはどんなに感謝してもしきれません。

高校三年生のとき、私は母の言う「資格」をもてる職業について考えてみました。そのとき、看護師になれ、と言った校長の言葉を思い出したのです。どの方法で看護師になろうかと模索しているとき、日本赤十字社が全国に看護師養成の学校をつくっていることを知りました。うれしいことにそれは高知にもあり、三食付のうえすべて無料でした。私のような境遇には願ったり叶ったりの条件なので、迷わず看護学校に入学しました。

実習でお産を見学させてもらったのですが、そのとき見た赤ちゃん誕生の光景は、私には鮮烈な衝撃でした。助産師さんたちの手際の良さ、生まれた赤ちゃんを抱き上げたときの、えもいわれぬ助産師さんの笑顔にしびれました。単純な私は「私の生き方はこれじゃ！　私も助産師になる！」と決めたのです。

助産師になるためには看護学校三年を卒業後、さらに一年専門学校にはいらなくてはいけません。ところが、高知の看護学校には助産師コースはありません。四国では徳島だけです。どうせ県外に出るのなら、いっそ遠くに行ってみたい。そうだ、雪の風景は経験したことないから、北海道にしよう。まったくいま考えても能天気だったと吹きだしたいくらいですが、おあつらえ向きに、札幌に私の希望する学校がありました。

北海道大学医学部付属助産学校（現・北海道大学医学部保健学科看護学専攻科）は、全寮制で授業料が無料でした。雪にあこがれて、一足飛びに北海道まで来てしまったのですが、大正解でした。

ここでの一年間は、勉強のほかに私にとって得ることが盛りだくさんでした。雄大な大自然、いろんなところから集まってきた人たちとの交流、貧乏学生同士の融通などなど。これがいまでも私の財産となっていて、一年に一回は、かならず北海道で講演するかたわら、級友たちと温泉にはいり、北海道の幸を堪能しています。

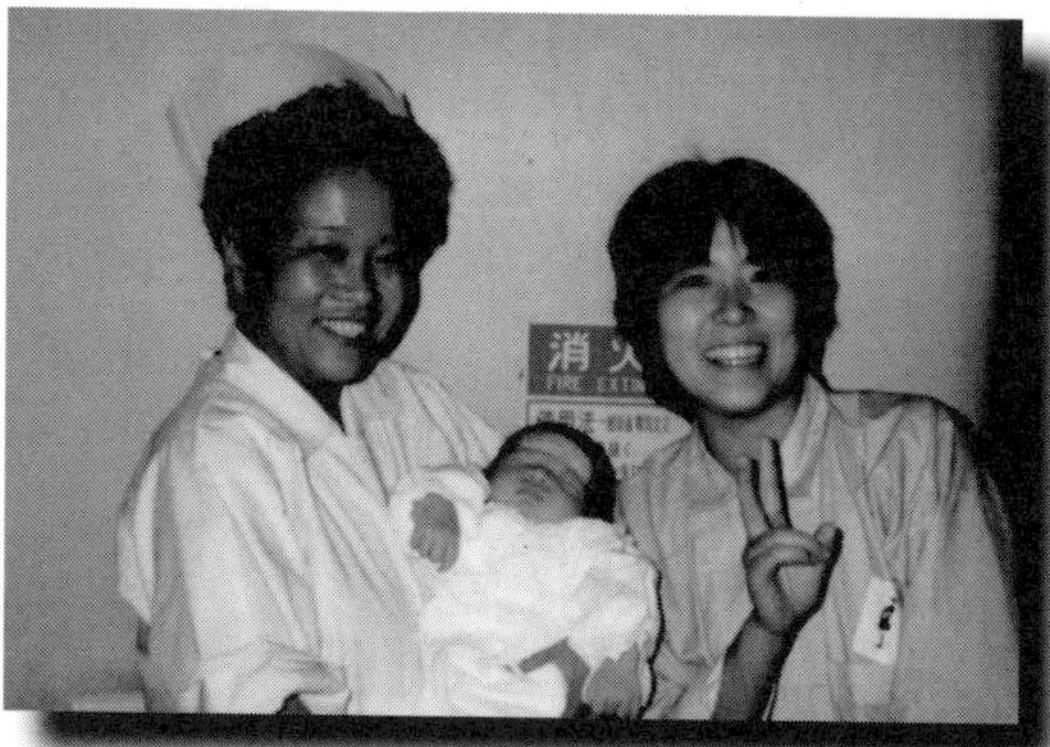

第2章 助産師への道

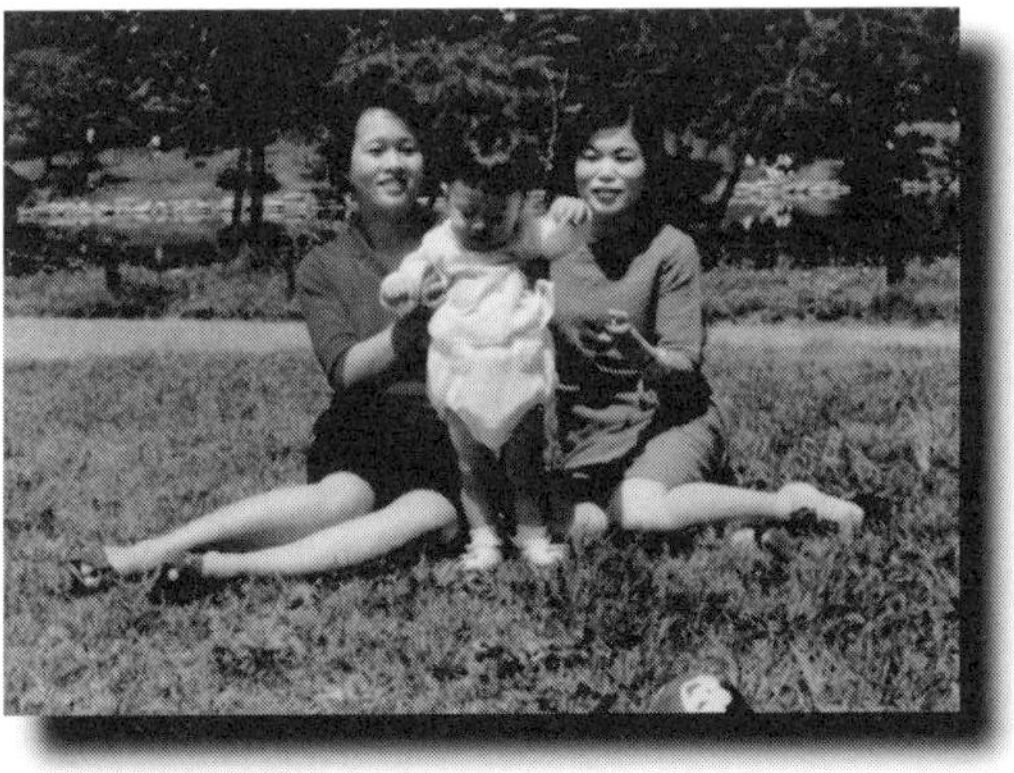

ベビーラッシュでスタート

一九六七（昭和四二）年四月、国家試験に合格して助産師資格をもった私が初めて勤務したのは、東京都中央区明石《あかし》町にある都立築地産院でした。この産院は一九九九（平成一一）年に廃止されて、いまはありません。すぐ近くが現在もある聖路加国際病院です。

地方出身者にとって東京で働くのはあこがれです。しかも銀座に歩いて行ける距離でしたから、若い私には、休日が楽しみでした。

また東京の食をまかなう一大市場・築地の魚市場と野菜市場もすぐ近くにあり、早朝から活気にあふれている街でした。隅田川が流れ、東京湾が近いのでどこからともなく故郷の土佐のように海の匂いがしてきます。

築地産院は新生児医療では最先端を行っていたこともあり、大変繁盛していました。そのうえ、私が就職した年の前年が丙午《ひのえうま》だったせいで、出産ラッシュです。まだ私は新人でしたが、一晩に一〇人も生まれるという経験もしました。いまでは考えられないのですが、当時一晩に、三人四人はあたりまえの日々でしたから、赤ちゃんをまちがえないようにとものすごい神経を使ったものです。

産院には寮が敷設されており、地方出身の私は、当然寮暮らしです。一部屋に二人で暮らしたのですが、私の相方は先輩の桜木助産師という方でした。桜木さんとはまさに同じ釜の飯を食った仲間で、後年私が**「NPO法人いのちの応援舎」**を立ち上げる（後に詳述します）ときに、趣旨に賛同して二〇〇万円を率先して振り込んでくれました。

寮は、正直言っていまのようにきれいな部屋ではありません。狭く不便でしたが、若くて猛烈に忙しかったから、さほど苦になりません。

休日には新調した着物を着て、めいっぱいおめかしして歌舞伎観劇（歌舞伎座は歩いて行けるほどすぐ近くにある）に出かける先輩お姉さま方を羨望の目で見送って、新米助産師たちはラーメンをすすっていたものです。

でも、このとき私は自動車の免許を取りました。二万円の月給なのに、教習所の講習料が一回二千円です。もうきつくて、何度も辞めようかと迷いました。そのとき、尊敬する桜木助産師から「こういうものは途中でやめてはダメよ。お金が大変なら貸してやるから最後まで行きなさい」と言われたのです。

結局、先輩に借りることなく歯をくいしばって免許を無事に取得しました。長いあいだペーパードライバーでしたが、更新だけはきちんとやっていました。実際に車に乗るようになったのは、ずっと後のことですが、若いときに取っておいてよかったと先輩の助言に感謝しています。

このころ兄が築地の水産会社で働いていたので、東京見物によく連れ歩いてくれました。私にとって、産院での目のまわるような忙しさと高度成長期にはいったばかりの東京での二年間の生活は、その後の人生にとてもプラスになりました。

若いときに故郷を離れて遠くに行ったことは、私にはとても良かったと思います。このごろの若いひとは、行動半径が小さくなっていると言われます。でも機会があったら、親元から離れていろんな人と交わってみてほしいと思います。いまは私たちの時代と違って、瞬時に日本をはじめ世界中の情報を知ることができるツールがたくさんあります。でも、人と人が出会い、交わりを重ねる体験は実際に体験することが大事だと私は考えています。気後れすることなく、元気に飛翔《ひしょう》してほしいと願っています。

一九六九（昭和四四）年、二五歳になった私は、四月から故郷の高知県立中央病院に勤務することにしました。東京は魅力的な街ではありましたが、結婚前に、どうしても母と暮らしたかったのです。それは、苦労してきた母に、少しでも楽をさせてやりたいと思ったからでした。

ここでも毎日忙しく働いていたのですが、一つ年上の幼なじみと結婚することになり、一九七一（昭和四六）年四月から夫の赴任先である茨城県日立市で結婚生活を始めました。元来はたらきものの私は、引っ越してすぐに日立製作所高等看護学院に勤めることにしました。助産師ではなく、看護学校の教諭兼事務をやることになったのですが、これはダメでした。

教えるという教師の仕事は、私に向いていなかったのです。そこで、近くの個人産院で再び助産師として働くことにしました。

そのときすでに妊娠していました。小さいときから健康には自信があり、胃が痛いとか食べ物を吐くという経験がなかったものですから、仕事をやめようとは思わずに働いていました。ところが、妊娠は意外のほかてごわく、出産するその日まで強いつわりに悩まされたのでした。胎児の成長とともに体重が増えるはずが、食べたものをすべて吐いてしまうほどつわりがひどく、逆に十数キロもやせてしまうという始末です。仕方なく点滴で臨月までもたせ、自然分娩はとても無理と言われて、帝王切開で無事に長女を出産しました。私にとって、この経験から得たものは計り知れないものがありました。普段どんなに健康でも、妊娠は一人ひとりまったくちがうのだということを身をもって知りました。

実母と正反対の義母

妊娠中のある日のことでした。高知に住む夫の母が火災でおおやけどをして入院した、という連絡が入りました。

早くに未亡人になっていた義母は、バス会社の給食員として長年勤めたあと保育所の管理人をしていました。幸い一命をとりとめたものの、治療に長い時間がかかりました。結局、これを機に義母は退職しました。

長年働いてきた母をひとりにするわけにはいかないので、夫は母と同居するために高知への転勤願いを会社に出していました。ところが、赴任先は高松でした。同じ四国ということもあり母は快く承知してくれ、私たちは一九七二（昭和四七）年一〇月、高松に転勤してきたのでした。

高松では、夫の会社の借り上げ社宅に住み、長女の子育てをしながら、働く場所を考えていました。ちょうど大家さんの家で孫が生まれました。私が赤ちゃんの沐浴をおつだいしていたとき、保健師さんが訪問してきました。大家さんが「この人、助産師の資格をもっているんですよ」と言うと、保健師さんはうなずきながら聞いていました。

ところが、一時間後。その保健師の上司という方から「高松逓信病院で助産師が欲しいと言っていますが、来ませんか。条件いいわよ」という電話をいただきました。その方は臼杵久子先生といって、後に看護連盟の会長をされて活躍され、私は大変お世話になるのです。

義母が退院してきたときのことを考えて、早く自分たちの持ち家が欲しいと考えていた私には願ってもないチャンスですから、早速応募したところ、幸運にも合格したのです。このとき一緒に受験して合格した田中助産師とは、いまもいっしょにやっています。

一九七三（昭和四八）年一二月から、私は再び病院に勤務しはじめました。高松逓信病院は、一九六二（昭和三七）年二月五日、郵政省と日本電信電話公社の企業内の病院として発足しています。八名の助産師が三交替制で勤務するので、子持ちの女性が働くには恵まれた職場でした。幸い義母も全快し、退院後同居していましたから、安心して夜勤もできます。義母はおだやかな人で、ゆったりと子育てをしてくれます。でも料理は得意なほうではありませんでしたので、料理は基本的に私が担当しました。

義母は美しい人で、いつも身だしなみには気をつけているのにくらべて、私はどんな格好でも平気です。ともかく無駄使いは一切しません。給料が入るとまず生活に必要な米、塩、味噌、醤油、光熱費、保険金、貯金をのけます。お金が残ったら、自分のための洋服を買えばいいと考えるのですから、残るわけがありません。

義母は「文ちゃん、そんなことをしとったら、一生きれいな洋服は着られないで。文ちゃんね、先に洋服を買うの。それからあとは何とでもなるもんね」と言うのです。義母は若いときから働いていましたから、給料が入ると、まず美容院に行ってきれいにし、いつも垢抜けた洋服を着ていました。そのかわり、家は賃貸で、日常生活に不自由なところがいっぱいあっても平気でした。

実は、義母を小さいときからよく知っていました。だから私にとっては、いつまでも近所のおばちゃん意識がぬけません。義母もまた「文ちゃん」と親しみをこめて呼んでくれます。

倹約と節約をモットーに、生きることとはどういうことかを子どものときから家事全般をやらせることでみずから体得していくようにしつける実母にたいして、義母は「子どもにそんなことをやらせるとはとんでもない。子どもに悲愴感をもつようなことはさせてはいけない」というタイプです。

実母は、たとえば、ワンピースを一枚縫ってくれたら、それを大事に着て、ボロになったらほどいて洗い張りをしてスカートに、そして座布団カバーにします。セーターもほどいて再利用するというような人でした。母のやりかたがあたりまえと思っていた私は、結婚してもそうやってきました。

ところが、義母は「そんな古いものでやるのはやめて頂戴。手間暇かけて編むのだったら、そんなボロじゃなくて、ええ毛糸を買って編みなさい」と言うのです。

そんな無駄なことはしたくないと思う私は、義母の言葉にムッときたものです。でもそのうちに、時間がないなかで編むのだったら、毛糸はそんなに高いものではないし、きれいな新しい毛糸で編んだほうがきちんとできて、人にも見せてもカッコいいものになる、と思うようになりました。

母の良さと義母の良さ。まるで対極にある二人の母から私は、絶対これでなければダメということは人生にはないのだ、ということを教えてもらいました。

義母が子守りをしてくれるので心おきなく働いていた私は、一日でも早く自分の家をもちたいと思っていました。義母と同居した以上は、借家から葬式を出すなんて、私にはできません。考え方が古いねえと笑われようが、早くに夫に先だたれ、長いあいだ女手ひとつで二人の子どもを育ててきた義母には、自分の持ち家に住まわせてあげたいと心底から思っていました。

ちょうど屋島（源平の合戦がおこなわれたところ）のふもとのマンションが販売されている、と夫から報らされた私は、迷わず買うことにしました。初めての大きな買い物でしたが、幸い二人とも働いているので、そんなに負担を感じないでやっていけると決断したのです。一〇〇平米近くあるので、もう一人家族が増えてもなんとかやっていけます。

実は、長女の出産後二度流産していました。長女のときも産むまでつわりで吐いていましたが、その後の妊娠でもあまりにゲーゲー吐くためおなかに力が入りすぎて、結局流れてしまったのです。一人しかだめかとあきらめていたとき、妊娠していることがわかりました。

やはりずっと吐きつづけていました。家で休んでいても吐き気が止まるわけではなかったので、病院勤務はつづけました。勤務中はそれなりに緊張していますから、苦しさはなんとかしのげます。それに病院に出勤すると点滴してもらえますから、なんとかがんばることができました。

今度こそ自然分娩で産みたいと、げっそりやせながらも念願していました。どんなに吐いても途中で流産することがなかったのは、義母が子育てに専念していてくれたことと、仲間の助産師の励ましのおかげです。

いよいよ生まれるというその日も、絶対自然分娩で産みたいと言い張る私に、ドクターから「このままでは子宮が破裂する、ここまでだ」と言われました。結局、帝王切開で長男を出産したのですが、ドクターから三人目は望まないようにと言われたときは、わかっていてもかなりのショックでした。

長女の出産、長男の出産、そして二度の流産という経験は、その後の助産師生活にたくさんのことを教えてくれました。経験しなければ教訓は得られないと言うつもりはもちろんありません。ですが、流産して哀しむ女性の心にだまって寄り添うことができます。そして自然分娩で産めなかった女性の表現しようもない苦しさも理解できるのでした。

私を支えてくれた家族

二人の子の母となった私は、義母に子どもを預けてフルタイムで働きました。前にも書きましたが、仲間の助産師もみなそれぞれ子どもをかかえていましたから、悲愴感はありません。

当時は夫の両親と同居するのがあたりまえで、互いに確執があっても、大家族というのはイヤなことばかりではありません。それどころか、義母のおかげで私はずいぶん助けられました。

疲れて帰ると、子どもたちは私にまとわりつきます。やらなければならない家事がいっぱい貯まっていますから、あとでねと言うと、大泣きです。つい、イラっとして手をあげてしまうのですが、そうなれば、子どもはもっと泣きわめき、またそれで私も怒ってしまうという悪循環をしょっちゅうやっていました。

そんなときに義母は、じょうずに子どもをなだめてくれますから、ほんとに助かりました。私が大家族を好きなのは、わずらわしさもいっぱいあるけども、大勢の目があると、救われることもたくさんあるからです。この考えをもとに六〇歳過ぎてから、私は大家族のぬくもりがある施設を作ります。このことについてはあとで詳しく書きます。

もうひとつ私が恵まれていたのは、夫です。

夫は、働くこともふくめて社会的な活動をすることにも、「そんなことをするな」とか、「女のくせに」というようなことを言って私の行動をしばるようなことは、結婚当初からしたことがありません。思う存分やりたいことをやらせてくれる夫や義母には感謝しています。

子どもたちにも感謝しています。病院は二四時間態勢で動いているわけですから、三交代制から逃れることはできません。夜勤や早朝勤務がありますから、当然子どもたちにも我慢を強いることがたくさんあります。

私の住むマンションには、大手会社の転勤族の方々がたくさん住んでいました。子どもを通じてその奥様方とのおつきあいも盛んでした。彼女たちはおしゃれのセンスも抜群なうえに、お料理や趣味も多彩な方々です。私の勤務にあわせて、持ち回りでいろんなイベントをやりました。

そんなあるときのことです。長女の仲良しのお子さんがいる奥さまから「山本さん、おたくのお嬢ちゃんに〝おばちゃんはどうしていつもおうちにいるの？　おかあさんの代わりに病院に行ってよ。そしたらおかあさんはゆっくり休めるのに〟と言われちゃったわよ。お嬢ちゃんからみたら、わたしなんかお昼寝ばかりしているように見えるみたいよね」と笑って言うのを聞いたとき、胸が痛みました。

娘も息子も義母に可愛がられていても、やはり母親に甘えたいのを我慢していることは十分すぎるほどわかっていました。だから私は家に帰るやいなや、子どもたちを強く抱きしめます。「かあさんの大事な子ども」と言いながら、ぎゅっと抱きしめるのです。これだけは、二人の子どもが中学生になってもやりました。息子は中学生になると「さわるな！　だきつくな！」と大声で叫びますが、私はきつく抱きしめることだけはやめませんでした。

子どもの小さいうちは働かなくてもいいのでは、と考えたこともあります。

しかし、それは私にはできませんでした。経済的な問題もさることながら、私自身が助産師という仕事が好きでやめられなかったのです。義母も実母も生涯外で働きながら子育てをしてくれたからでしょうか、家で子育てに専念しなさいとは一度も口にしませんでした。

家族に支えられて心おきなく外で働くことのできる幸せものの私は、家事も料理も限られた時間内でてきぱきとこなすことを心がけました。睡眠時間が多少少なくなっても、マンションの奥さま方が企画してくれる食事会や、掘り出し物の買い物や、子どもの誕生会などは積極的に参加して楽しみました。

仕事も子どもも遊びもと欲ばりなことができるのは、職住近接であったことがとても大きいと思います。大都会と違って、通勤時間はそんなにかかりません。それに通勤にはミニバイクか自転車を使いますから、仕事の帰りに大量の食品を買うことも負担になりません。

それともう一つは、義母が料理の下準備を手伝ってくれたことです。野菜を洗ったり、お米をといでおいてくれたり、細々したことをやらなくても、私は料理を「つくる人」に徹することができたのです。

私にとっての料理は、負担どころか息抜きであり、楽しみなのです。旬の食材や、安く仕入れた食材をどうやって美味しいものにつくって、家族に喜んでもらおうかと考えるだけで、職場のストレスもきれいさっぱり忘れてしまいます。

いまも講演などで二、三日家を留守にするときは、家族が困らないようにおかずをたくさんつくってタッパーにつめ、いつ食べてほしいかのメモをつけて冷蔵庫に入れていきます。帰宅したときに、それらがなくなっているとうれしくなってしまいます。

主婦が留守にすることへの後ろめたさからやっていては長つづきしません。いまでも変わらずやりつづけているのは、食は健康に過ごす基本だと心から思っているからです。冒頭に書いたように、いまの施設でも入院しているおかあさんたちに喜んでもらえるようなおかずを手作りするのが、私の一番大好きな時間です。

NTT高松病院「助産師会」の活動・月経手帳「アップルメモリー」を製作

このころから私は、病院内でもやりたいことを沢山やらせてもらうようになりました。

三交代制で動いている病院では、助産師八名が一同に集まることは容易ではありません。それでも助産師長として親睦（コミュニケーション）と相互理解、業務上の伝達事項の徹底と研究を目的に、月に一回は全員で集まることにしようと考え、一九七五（昭和五〇）年に「助

産婦会」（当時の呼称。二〇〇二年に法改正されて助産師となる）を発足しました。月一回の集まりには全員参加してもらい、お弁当をとって食べながら、今月は〇〇をしようとか、△△に挑戦してみようとか、忌憚《きたん》のない意見を出し合います。

たとえば、翌一九七六（昭和五一）年から、出産や育児について相談する相手が身近にいないために生じる悩みごとに応えるために、おかあさんたちの退院後に電話相談を受けたり、マタニティ・エアロビクス研究会を発足させ、踊りや体操の好きな同僚の田中助産師に東京までエアロビクスを習いに行ってもらい、若いおかあさんの希望に添うようにしたり、「ふれあい通信」という広報誌をつくって、おかあさんたちとのコミュニケーションをはかったりもしました。

いろんな取り組みに挑戦していましたが、なかでも「アップルメモリー」を製作したことは、いまでも大変役に立っています。アップルメモリーというのは、女性の月経を記録する手帳です。

実は、産婦人科では初診の患者さんにはかならず「初経はいつで、周期はどのくらいで、何日持続するか」という質問に答えてもらいます。もちろんそれは用紙になっていて、書き込んでもらうのですが、これが意外にもきちんと答えてもらえない。月経周期と持続日数を混同されている方が多いという事実に、私たちは頭を痛めていました。

女性は初経を経験するだろうという年代になると、学校で女子だけを集めて月経について教わります。月経はいのちの源なのだから、きちんと記録をして自分のからだの管理をしましょうということも教わったはずなのですが、月経の手当と処理のしかたばかりが強調されていたようです。そのため、周期という言葉も、持続日数についても関心がもたれなかったのではないのでしょうか。

カレンダーにつけているからいいですとか、手帳に書いていますとか言うのですが、カレンダーも手帳も年度が替わると捨てられてしまいます。これでは記録として残りません。

そこで私たちで手作りしてみようということになりました。安価でみんなに親しまれる装丁にしようということになり、提案されたのがリンゴのかたちを塗りつぶしていくものです。

リンゴはどこの家庭でもあります。赤や黄色といろんな色があり、とても美味しい。けれども、芯がある。リンゴのように芯のある女性になってほしいという願いを込めて「アップルメモリー」と名付けました。表紙にはリンゴの絵が描かれています。同僚の青木助産師の高校生の娘さんに書いてもらいました。値段は二〇〇円とし、初経から七年間記録できるようにしました。

このごろでは講演先で「アップルメモリーをもって結婚しました」、「いまも毎月つけています」と言われます。これは私にはとてもうれしいことです。なぜなら、いのちの源である月経をきちんと把握できるということは、自分のからだを自己管理できるということだからです。自己管理できる女性は、彼に捨てられたくないからとセックスして望まぬ妊娠をすることもありません。

逆境こそチャンスと考える人との出会い

日本がものすごい勢いで経済成長していた時代は、私が病院に就職した一九七三（昭和四八）年ごろに終わり、日本経済は安定成長期に入っていました。当時の中曽根内閣は、戦後政治の総決算をするために行政改革に取り組むことになりました。なかでも大きな改革は、電電公社（現NTT）、専売公社（現日本たばこ産業株式会社・JT）、国鉄（現JR）を民営化することでした。

私の勤務する高松逓信病院も郵政省と日本電信電話公社の企業内病院でしたから、民営化の対象です。民営化に先立ち、病院は一九八二（昭和五七）年九月一日経営方針を変更し、地域に開かれた医療施設として一般に開放することを決定しました。

三年後の一九八五（昭和六〇）年四月一日、「日本電信電話公社」は民営化され「日本電信電話株式会社」（NTT）となったのにともない、高松逓信病院の活動内容も大きく変わっていきます。「高松逓信病院」から「ＮＴＴ高松病院」となったのは、一九八九（平成一）年四月一日からです。

これまで「親方日の丸」的に企業内の病院として職員とその家族のみを相手にしていればよかったのが、地域の他の病院と競合して生き残っていかなければ、私たちの職場そのものがなくなってしまいます。

組合活動もやっていた私ですが、何をどうしたら地域の中で生き残っていけるのか考えあぐんでいたとき、私の心にビンビンと響いてくる考え方をもった人と出会いました。それは勤務のあと、市の社会教育課が主宰するレクリエーション教室に通っていたときの講師・和田芳治さんという方です。

和田さんは、広島県の山間《やまあい》の町の公務員でありながら、過疎化のすすむ自分の町を活性化させようと、仲間たちとレクリエーション活動を通じて奮闘していました。「何もないところにはいろんな絵がかける」のだから、過疎化を嘆くのではなく逆手《さかて》にとっていこうと、「過疎を逆手にとる会」（通称・過疎逆《かそさか》）を有志とともにつくっていたのです。

レクリエーションスクールで教えてもらっているときも、和田さんのユニークな発想に驚きました。私がインストラクターの資格をとったあと、九州で開かれたレクリエーション大会に参加したときに、和田さんとその仲間たちのレクリエーションに接し、目を見張りました。

それまで集まりがあるときに歌う歌といえば、昔から歌われていた歌やロシア民謡などをみんなで歌うというのが常識でした。ところが、和田さんたちは、曲も詩も自分たちでつくったものを、笑顔でものすごく楽しそうに演奏するのです。その表情がほんとに良く、ゲームも心から楽しげにやり、しまいには抱き合ったりもするものですから、会場は沸きに沸いて、別れがつらいような雰囲気をつくるのです。

人を感動させ、動かすのは、自分の言葉で心から語りかけることだというのを身をもって体験して、私の心は燃えました。「逆境こそチャンスだ！　手をこまねいていても何も進展しない」ということに気づいたのです。

一般開放された私たちの病院は、入院ベッド数が三〇床しかないうえ、外科、内科、産婦人科、小児科とあっても、肝腎のドクターがなかなか居ついてくれませんでした。普通病院は、内科のドクターがいいとか、外科のドクターがいいとか、ドクターの技量で評価されます。そのドクターを頼りにできないのなら、看護師、保健師、助産師が評価される病院にしようと考えました。

そう考えた私は、医者や看護師、職員全員を集めて、ここを「日本一看護のいい病院にしよう」と提案したところ、五〇人くらいのスタッフが、それでいこうと賛成してくれたのです。

そのころの病院はどこでもそうですが、宣伝しようという意識も、サービス業だという意識も希薄でした。それどころか、病院側のほうがいばりがちで、患者さんはびくびくしていることもありました。そこで働く私たちを目立たせるためにさまざまなイベントを考え、病院に来た患者は絶対逃がさないことと、またあの病院に行きたいと思ってもらうこと、いい看護師がいるから、助産師がしっかりしているから来る病院にしようと誓いあいました。

病院生き残り作戦開始

八人の助産師たちは、自分たちの意気込みをあらわすために、それまで「助産婦会」と言っていた会を「そらとぶうさぎ」研究グループと改名しました。わたしたちの着る白衣の清潔なイメージから「うさぎ」をマスコットに選び、空を飛ぶことのできないうさぎを私たちの力で飛ばしてやろう、不可能と思われることでも可能にしよう、というチャレンジ精神を込め、さまざまなことに取り組みました。

私がもっとも心をくだいたことは、仲間の力を存分に発揮してもらう態勢をつくることでした。そのためには、それぞれ個々人の特性を把握し、力量を発揮したときには、きちんとその評価をすることを心がけました。

人は一人でできることは限られています。ですが、それぞれが十分に自分の得意分野を発揮することができれば、その成果は何十倍にもなってあらわれてきます。

当時、八人の仲間のリーダーだった私は、一人ひとりの個性を十二分に承知していました。お金の管理をきちんとし秘書的業務が得意な人、文章の得意な人、絵や字を描くのが得意な人、データーをとるのが得意な人、踊りや体操の得意な人、おしゃべりが得意な人、等々とほんとにみんな多彩ですから、気持ちよくその能力を発揮してもらうようにもっていくことが私の使命だと考えたのです。

組合活動もバリバリやっていた私は、病院がおおがかりなイベントをやるとき、組合にきちんと話をつけておかないと、あとでクレームがつくということを承知していました。休日出勤や時間外オーバーをすることが多くなるので、組合はその分の手当をもらいなさいと指導します。だから病院の管理者は、組合が承知していないイベントを敬遠しがちです。

でも、病院の生き残りのために必死になっている私たちを組合が助けてくれるわけではありません。私は「電話交換手の削減が始まっているので、組合は大変でしょう。病院どころではないでしょうから、私たちは自分たちの方法でやりますが、やることに対して口をはさまないでほしい」と直談判しました。

さいわい組合も「協力できることがあったら、労力でもお金でもいつでも言ってください」と言ってくれたので、病院側にイベントを提案することにしました。病院側はお金のかかることはやってもらいたくないことは知っていますから、私は「一切お金の心配はかけません。組合も時間外手当の要求等はしないと了承しています」と申し出たのです。

私が大見得を切ったのは、経済的な裏付けあったからです。素麺を売ったり、地域にあるシールという通販の会社から靴下をまとめ買いしたり、小豆島の昆布やハムを安く仕入れて組合員に販売したりする世話役を私が一手に引き受け、そのときにもらう世話役料を貯蓄していたのです。

一つひとつの利益は小額でも、積もりつもっていけば結構な額になります。まさに主婦感覚ですが、これはバカにできません。このやりかたは、後に本を出版したときの印税や、講演料をプールして、みんなで美味しいものを食べたり、親睦会の費用にしたりもしました。

最初取り組んだのは、母の日である五月の第二日曜日に、過去一年間に当病院で分娩、誕生した母子とその家族を招待するというイベントでした。出産後育児に追われ、家庭内の用事と家族の世話で毎日忙しく働く母親たちに、せめて一日、同窓会的な雰囲気のもとで遊びながら思い出話に花を咲かせ、楽しく過ごしてもらいたいと考え、そのイベントを「ママさんフェスティバル」と命名しました。

一九八五（昭和六〇）年五月一一日、第一回ママさんフェスティバルを病院の中庭でおこないました。私たち助産師が中心になって準備委員会をつくり、病院職員全員の協力を得て実施したのです。

ドクターたちや検査技師、レントゲン技師たちに、タコ焼き、うどん、おでんなどのつくり方を長い時間をかけて特訓しました。参加者に彼らのつくったものを食べてもらうためです。助産師たちは、育児や家族計画の相談にのったり、栄養士は離乳食の指導をしたり、保健師と内科医は、おじいちゃんやおばあちゃんの成人病の相談にのったりします。ほかにも出産に立ち会った医師や助産師との記念撮影をおこない、その写真をプレゼントします。

子どもたちを退屈させないように、レクリエーションスクールで知り合った仲間たちにきてもらい、紙芝居や人形劇もおこないます。遊びのためのコーナーには、職員手作りの不要品を再利用した玩具や遊び道具を用意しました。

入念な準備と練習をして、いろいろな趣向をこらしたイベントをおこないました。それはまさに病院生き残り作戦であると同時に、ともすると孤立しがちな母親同士が知り合う場を提供することで、育児への不安を解消してほしいという願いも込めたのです。

第一回ママさんフェスティバルの参加者は一二〇名ほどでしたが、その後もレクリエーションスクールの仲間たちが、紙芝居や人形劇、ダンスなどで応援してくれたり、結婚して出産するときには、私たちの病院を選んでくれたりしたこともあって、徐々に参加者も増え、その後八〇〇名も参加するほど、地域のイベントとして定着していったのです。

そして一九九二(平成四)年度には、ママさんフェスティバルは私たちの病院の枠を飛び越え、香川県内のほかの病院と共同で「国際助産師の日」(五月五日)に高松市の玉藻《たまも》公園で開催し、一五〇〇名もの人が集まりました。

出産の感動ドキュメントとなった「ふれあいノート」

毎年「母の日」に病院で開催していた「ママさんフェスティバル」は、母親同士の交流の場として重要な役割を果たしたものの、年に一度のイベントだけで母親たちの出産育児の悩みや不安などを解消することはできません。

そこで、患者と助産師、看護師といった関係にとどまらないためには、出産や入院、手術をとおして人間的なつながりを深めていかなくてはと考えました。私たちの病院を、患者さんにとってすぐれた医療が受けられ、ここに来てよかったと満足してもらえるように何をすべきかと話し合いを重ねました。

少子化がすすむなかで、どこの産院もおしゃれな感じに建て替えられ、ホテルのようなデラックスな個室での出産が普通になっているのに、私たちの病院は古い大部屋中心でしたから、どうやって妊婦さんに満足していただくかが大きな課題でした。

何度も何度も話し合った結果、産婦人科病棟一二号室（大部屋）にノートを置いて、苦言や要望を書いてもらい、それを参考にして看護のすぐれた病院にしていこうと考えたのです。

ある日、助産師のひとりが「婦長、これを見てください！」と紅潮した顔で「ノート」をもって走ってきました。きつい苦言が書かれていたのかしらと思いながら、ノートを見て驚きました。

そこには、助産師、看護師、医師たちへの苦言や要求も書かれていましたが、それ以上に出産の感激、母乳の悩み、流産の悲しみ、不妊治療のつらさ、手術への不安などが細かな字でびっしりと書かれていたのです。読みすすめていくうちに、一人ひとりの患者さんの顔が浮かび、鼻の奥がツンツンしてきて、涙で文字がかすみ、何度もティッシュで鼻をかみ、目頭を押さえるほどでした。

それはまさに、おかあさんたちの綴る出産のドキュメントだったのです。「ノート」が次々と増えるにつれて、私たちはこれを「ふれあいノート」と名付け、私たちの反省や勉強に役立てるだけではもったいないと思いました。

そこで一年間分を複写製本して、書いてくださったお母さんたちに感謝の気持ちを込めて配ることにしました。冊子の題名は、私たち助産師の研究グループ名からとって『そらとぶうさぎ』としました。

この『そらとぶうさぎ』は、私たちが想像もしていなかったほど天高く空を駆けはじめました。まず、思わぬところで読まれていました。母親たちの出産の記録なのに、中学生の性教育の生きた教材として教室にぶら下げられ、子どもたちに読みつがれていたのです。いのちの誕生の素晴らしさと、いのちの尊厳を訴える『そらとぶうさぎ』から、子どもたちは深い感動を得ているのでしょうか、ボロボロになるほど、みんなで回し読みをしているというのです。

また、『そらとぶうさぎ』の第一号が、地元紙「四国新聞」のコラム「一日一言」欄（平成一年五月五日付）で紹介されました。その反響の大きさには驚かされましたが、それ以上に素晴らしい出会いをたくさんつくってくれました。

そのひとつが、高松短期大学（現・高松大学）の土居忠幸先生との出会いです。四国新聞のコラムを読まれた土居先生が病院を訪ねて来られたことから、先生との交流が始まりました。土居先生は、この『そらとぶうさぎ』を大学での「社会福祉」や「児童福祉」の授業で、「命の尊厳性、親子の絆、夫婦の絆、家族のこと、性教育の重要性」を考えるための生きた教材として使ってくださったのです。

そればかりか、土居先生は『そらとぶうさぎ』を東京の出版社に送ってくださったのが縁で、一九九二（平成四）年に単行本『いのちの記念日』として出版されることになりました。

このころには、すでに『そらとぶうさぎ』は第三号まで出ていました。数百もあるなかから単行本に収録できる一〇〇編にしぼってほしいと出版社から言われたものの、その作業は、とても大変でした。みんなで何度も読みあって、なんとか一〇〇編を選びました。そして選び出した手記の執筆者であるおかあさんたちに掲載の承諾を得るために、八人の助産師は日常業務の合間を縫って、一人一人確認をとっていったのです。

この編集作業をやっているときに、出産の感動を綴ったおかあさんたちが、「私はこの子の誕生をこんなに喜んで書いていたのですねえ」と言うのです。日々の子育てに追われて、感動を忘れていましたと言う人や、いまは離婚していますが、子どもにとっての父親の思い出はこれしかないですから、どうぞ掲載してくださいと言う人もいました。本当に人生はドラマだなあと思ったと同時に、病棟に「ふれあいノート」を置いてよかったと痛感しました。

人はどんなに感動しても、それが女性にとって出産という大きな出来事でも、哀しいかな、忘れてしまうものです。でも活字に残しておけば、感動はよみがえります。だからいまでも私は、おかあさんたちに母子手帳にでもいいから、なるべく細かく記録しておくことをすすめています。

また授乳の写真を撮っておくこともすすめています。なぜ授乳の写真かということについて、私は『そらとぶうさぎ』第三号の中でこう書いています。

当院は、昭和六二年より、授乳時の写真をプレゼントしています。授乳は、母と子の愛情の交流の、もっとも美しい姿です。このすばらしい母と子の裸のふれあいの瞬間を残しておきましょう。学童期の性教育や、激変の思春期など親子の中でいろいろな事がおこった時、この一枚の写真をみせてください。子どもは、何かを感じてくれると信じています。

おかあさんたちの快諾を得て編集作業に入ったものの、なにしろ本を出すというのは初めての経験ですから、あっちにぶつかり、こっちにぶつかりの連続でした。最後のゲラを校了させるために、私と何人かで埼玉県にある印刷所まで出かけて行き、最終チェックをしたのが一二月の寒い夜でした。やっと校正が終わってくたくたになってホテルにもどってみると、実兄が倒れたという電話が入り、私は急ぎ兄の家にむかったのですが、結局、兄は帰らぬ人となりました。

出産の感動は「いのちの教育」

私たちがイベントをやると、テレビをはじめラジオや新聞が取り上げてくれました。おかげで、こんな面白い病院があるという評判が広まり、患者さんがどんどん増えました。

いい看護をしようとみんなでがんばることができたのは、子持ちだったからです。他の病院への転勤斡旋はありましたが、子連れでは行くのは困難です。ですから、みんなここでがんばろうと必死でした。三〇床しかない病院で、月に二〇の分娩にまでなり、毎日が大変な忙しさでした。当然、子どもは義母にまかせきりでした。

そして『いのちの記念日』が出版される（一九九二年、恒友出版）と、これがまた反響を呼びました。いまなら、出産、子育てにかんするたくさんの雑誌があります。そのうえネット社会ですから、瞬時にいろんな情報を手にすることも、お母さん同士でその情報を交換することもできますが、当時は生々しい出産の記録はそんなに活字にはなっていませんでした。

ＮＨＫテレビが病院を取材してくれ、本も紹介してくれたことで反響は倍加し、新聞、ラジオがあいついで取り上げてくれました。それはとてもうれしいことでしたが、なにより私の心が熱くなったのは、この本が子どもたちの心に響くものがあるということを知ったときでした。

あるとき、高校三年生の女の子が私を訪ねて病院にきました。彼女は、私が看護協会の主催する思春期電話相談の当番をしているときに二度ほど相談のあった不登校の子どもでした。どうしても学校に行けないという悩みでしたが、「おかげさまで卒業することができました」と、わざわざ私に卒業証書を見せにきてくれたのです。

あいにく患者さんが大勢いたので、私は彼女の話をゆっくり聞いているひまもありません。私はこの本を読んで待っててねと『いのちの記念日』を彼女に渡しました。しばらくすると、外来の廊下から泣き声が聞こえるので不審に思って行ってみると、彼女が泣いているのです。どうしたのと尋ねる私に、「この本、泣けちゃう……。だって、おかあさんが私をこんな思いで生んでくれたのかと思ったら、泣けてきちゃうんですぅ」と彼女は泣きじゃくりながら言うのです。

「山本さん、この本売ってください。泣けてきて、恥ずかしくてこれ以上ここで読んでられない」と言って、彼女は本を買って帰りました。

もう一人高校二年生の男の子が、この本を読んでこんな手紙をくれたのでした。

ごく当たり前に思っていた、出産ということがとんでもなく大変なことで、こうして無事に生まれた自分がここに存在することは何と貴重なことなのかが分かった。父親も子供の誕生に大きくかかわりはすると思うが、この本の全てから、母親の、戦いにも似たすさまじいものが感じられた。最初から最後まで、母親は大変だなあ……ということが、常に頭から離れなかった。そして、いのちの誕生は多くの人に支えられ、祝福されていることも分かり、自分の生まれた時の話と重なって少し幸せな気分にもなった。

出産の感動が、もっとも生き生きとした「いのちの教育」であることが、この二人の子どもからもわかっていただけたのではないでしょうか。これから出産されるおかあさんに、いのちを生み出すまでのさまざまな想いと授乳時の写真を、ぜひ書き残しておかれることを私はおすすめしています。

子どもが思春期や反抗期になると、親と子どもとのあいだに距離や溝ができたり、確執が生じたりすることがあります。時には子どもは、「なんで生んだの」「生まれてこなければよかった」と言ったりもします。また、いろんな事情で離婚することもあります。子どもは離婚を、親の身勝手と恨むかもしれません。そんなときに、「父さんも母さんも、あなたが生まれるときは愛しあっていて、あなたをほしくて生んだのよ」という、いつわりのない出産時の記録や、おっぱいをのませている写真をそっと机の上に置いておくだけでいいのです。

子どもは自分が親に望まれて、祝福されて生まれてきたことを知ると、たとえ離婚をして離ればなれになっていたとしても、親の気持ちを理解してくれます。また自分の放った言葉が親をひどく傷つけてしまったことを反省します。

私が自信をもってそう言い切るのは、子どもたちのそういった言葉を綴った感想文や手紙、電話が私のもとにたくさん寄せられているからです。

もう一つ、出産直後のいのちを授かったことへの感謝や感動を書き残しておくことをすすめるのは、おかあさん自身が自分を振り返る大切なものでもあるからです。

私が幼稚園で講演したときのことです。『いのちの記念日』の一部を声を出して読んだのですが、帰りがけにひとりのおかあさんが私の傍らにやってきて、泣きながらこう言いました。

「私、出産したときのあの感動を忘れていました。山本さんが本を読み出したとき、ハッと気がついたのです。なんて子どもにひどいことをしていたんだろう。毎日子どもを叱りとばし、自分がイライラしたら、つい子どもにあたっていたと、出産の感動の言葉を聞いたとき、気づいたのです。ありがとうございました。今日からまたやさしくできるような気持ちにさせられました」

どんなに感動したことでも、その記憶は時の経過とともに薄れてしまうものなのです。それがものすごく感動して産んだ赤ちゃんでも……。

無理もありません、赤ちゃんが夜泣きをしたり、おっぱいを時間通りに飲んでくれなかったり、ちっとも言うことをきいてくれなかったり、もうままならないことだらけです。現代の生活は便利になって、日常のことはほとんどがスイッチボタンひとつでこなせるのに、子育てだけはそうはいきませんから。

子育てをめぐって義母と衝突することもあります。また、夜泣きに悩まされて途方にくれているのに、ご近所からうるさいと言われたりすることもあります。しつけをめぐってまわりの人たちと衝突したりもします。

おかあさんたちは育児に疲れ、ためいきをつくこともしばしばです。ノイローゼになったり、つい手をあげてしまう回数も増えたりします。「幼児虐待」というつらい言葉もこのごろよく聞こえてきます。

私も働きながら子育てをしているときに、いけないと思いながらも子どもに手をあげたことがあります。そんなとき、義母が私と子どもの緩衝材になってくれました。でもいまは、核家族でいることが多いので、クッションになってくれる存在がないときがあります。おかあさんたちが育児につかれてつらいとき、自分の感動の記録を読み直してみてください。きっと元気が出ますよ。

メールで母親同士が愚痴をこぼしあって子育て中のつらさを発散したり、それぞれの地域の子育て支援組織に参加したりするのもいいでしょう。さまざまなものを大いに利用して、明るく子育てをしていただきたいものです。

助産師の性教育

私がいのちの教育の話をするようになって、四半世紀以上がたちました。赤ちゃんをとりあげることが本業の助産師が、「なぜ性教育をするのですか」とよく尋ねられます。いまでこそ助産師の性教育講演はめずらしくもありませんが、やはり主流は産婦人科の医師でした。

私も、家族計画協会の産婦人科医の北村邦夫先生の講演を聴くために、先生の主催される講習会に参加して影響を受けました。

北村先生は、十代の子どもたちの妊娠中絶率の高さに危機感をもつと同時に、どうしたらいいのかと、子どもたちのその後のフォローを真剣に考えるべきだと、さかんに医療職にむけて講習会を開いていたのです。

最初に北村先生の講演を聴いて驚きました。言葉は悪いですが、ストレートにはったりをかますのです。でもそうやらなければ、人は聴いてくれないし、ついてもこないと打ち明けられても、ほんとうにびっくりしました。でも、後年私が自分で性教育講演を始めてみて、北村先生のおっしゃったことが身にしみてわかりましたが……。

北村先生の講演を聞いた当時、〝私もやらなければいけない〟と思って興奮しました。でも、なにをどうやっていいのか皆目見当がつきませんでした。

そんな私が性教育をするようになったきっかけは、私が子どものために何かしたいと思って、レクリエーションスクールに通ったことからでした。

二人の子の親でありながら、病院生き残りのために懸命になっていて、いつも忙しい日々を送っていた私は、子どもの学校行事に参加することがなかなかできませんでした。

ある日の朝、学校へ行く長女を玄関でみおくろうとしたとき、長女が「おかあさんは、今日も、来・ら・れ・な・い・よね」と、寂しげにポツンと言って出かけて行ったのです。

小学校六年間、私はほとんど参観日に行っていませんでした。病院が危ないからがんばらなくてはいけないと必死になっていた私に、娘の一言は胸につきささりました。

私は何をしてきたのだろう——。人のため、病院のため、お金のため（給料のため）にがんばらなくてはと必死になってばかりいた、ということに気がついたのです。

私はすぐ学校に走りました。校長先生に会って「六年最後の学級の役員をやらせてください」と申し出ました。娘に「かあさんは、こんなこともできるんだよ」というところをみせかったのです。

学校は喜びました。役員をやるのはみなさん敬遠しますから、当然です。だけど、勢いでそう申し出たものの、私は何もできないことに気がつきました。七月に子どもたちをキャンプにつれていかなくてはいけません。

でもこういうときに、私はすぐ頭を切り換えます。「そうだ、できないなら習えばいいんだ」。子どもたちを〝遊ばせる方法を学ぶ〟ことにしたのです。高松市社会教育課のレクリエーション講習に参加しました。

一ヵ月後。レクリエーション講習の宿泊研修がありました。七〇人ほどの講習生の中には、学校の先生、トラックの運転手さん、おかあさん、七〇代の高齢者、高校生などとさまざまです。

グループワークトレーニングを終え、おしゃべりしていたところ、そこに参加していた高校生に「山本さん、看護師さんは注射をしたり、薬をくばったりしているし、保健師さんは地域でいろんなことをしている。ぼくがわからないのは助産師さんや。病院で何をしているのですか」と聞かれたのです。

助産師の仕事に誇りをもっている私は、この質問にうれしくなり、「助産師とはね、この世の中にいのちが産まれるのを手助けする仕事をしているの。あなたのおかあさんがどんなにがんばったって、あなたがこの世の中に初めて顔を出したとき、最初に見るのはこの手の顔です」と話しはじめたとたん、まわりにいた人たちが私の話に身をのりだしてきたのです。

赤ちゃん誕生の話、中絶の話、流産した話、ガンで亡くなった話をしていると、いつのまにか研修に参加していた人たちがみんなで聞き入っていました。いろんな質問を浴びせてきます。それに応えているうちに、夜があけてしまいました。

性の話はだれもが興味があるのです。さりとて大きな声で聞けるものではありませんから、妊娠、出産、性感染症の話をあけすけに語る私がめずらしかったのでしょう。それにしても、おとなたちの性の知識があいまいなことに私のほうが驚いてしまいました。

実は、医療職関係者、特に現場の助産師は、セックスが低年齢化していて、中絶や性感染症が多くなっていることを知っていました。勉強会などでもそういう話はポロポロ出ていました。子どもたちの「こんなことになるとは思わなかった」と泣きながら中絶する姿に、子どもたちの性の知識が曖昧なのは、おとなの責任だという思いが助産師たちにはありました。また香川県の中絶数が全国で三位とか四位（当時）という厚労省のデーターなどをみては、こんなになっているのに何もしていないという苛立ちをもちました。プライバシーに関わることなのでひそひそ話すだけで、教育関係者の無策にみんな心を痛め、何をどうしていいのか考えあぐねていたのです。

学校現場でも、養護の先生たちは相当危機感をもっていました。保健室は悩める子どもたちの避難場所であり、たまり場でもありましたから、子どものかかえている問題を養護の先生がいちばん熟知していたのです。

しかし、当時は養護の先生が率先して性教育をするような社会的環境が熟していませんでした。同じように、私たち助産師や保健師を学校側が呼んでくれるような情況も、まだありませんでした。

この夜の研修に参加して私の話をじっと聞いていたある高校の先生に、「山本さん、いまの話をうちの生徒たちにも話してもらえないだろうか」と言われたのです。

前に書きましたように、北村先生の話に感化されていた私は、自分でもやらなきゃという思いを抱いていました。子どもたちにきちんと話ができる機会があったらいいのにと、心をいためてもいました。でも何をどうしたらいいか見当もつかないままでいた私に、高校生に話をする機会をくださるなんてこれは「チャンスだ」と思い、お受けしました。

あとになってすごく後悔しました。高校生に講演するのは初めてだったのです。

原稿をつくって家で猛練習しました。時計を見ながら大きな声で練習していると、娘が「おかあさん、学校でセックスの話をするの。ま、いやらしい」と言って部屋を飛び出していきました。ところが、数分後に「やっぱりきこうかな」と言ってもどってきたのです。「しめた、うまくやれるかも」とうれしくなったのですが……。

現実はきびしかった。体育館に集まった一〇〇〇人もの高校生は、校長先生の講師紹介の話を無視して私語に夢中です。プロの教育者の話も聞かないのだから、私の話を聞くわけはないと思ったとたん、頭が真っ白になって、用意した原稿はすべてぶっとんでしまいました。激しい動悸で息苦しくなりました。

数メートルおきに立つ先生方が必死に、静かにしろ、と注意しているのを見て、私は目をつむりました。深呼吸を大きく一つして、私が生まれて、生きて、育って、結婚して、セックスして、子どもができて、いま、子どもがこんなふうに育っていることを話そうと思ったとき、目の前が明るくなったのでした。

「性」という字は「心が生きる」という意味だと考える私にとって、「性教育」とは生まれて生きて、育っていく「いのちの話」なのだということを懸命に話しました。

「コンドームの話はしないでください」

この講演がきっかけとなり、ぼつぼつと講演の依頼が入るようになりました。もちろん病院に勤務していましたから、業務の合間をぬっての講演です。主に年次休暇を利用しました。地域に開放されたとはいえ、私の勤務する病院は組合がしっかりしていたので年休を二〇日消化することになっていました。私はこの年休を時間単位でフル活用しました。高松市内ならそんなに時間がかかりませんから、二時間とか三時間で、病院に戻ってくることができます。

学校関係は平日に依頼されますが、私の日程に合わせて講演日を設定してもらいました。当時水曜日の午後があいていましたので、そこに合わせてもらっていたのが、いまでも定例化しているところもあります。

外来の診察が終わると、急いで白衣を脱いで私服に着替え、ミニバイクに飛び乗って講演先に向かいます。幸い仲間の助産師たちがいろんなかたちでサポートしてくれたのと、病院側も認めてくれたからできたことでした。

学校からの講演依頼は、思っていたほど拡がりませんでした。それは私が性に関することをつつみかくさずはっきり言うからだと思われます。

まず「性教育とは何か」と聞き、「セックスの話が聞けるかと思っているのでしょう」と子どもたちに言うと、大きな笑い声をあげます。無理もありません。学校で「セックス」という言葉を大声で言うのですから。

「なぜ笑うの」「どうして下むくのよ」「だけど仕方がないよね、あなたたちがここまで育ってくるまでに、親や先生やおとなたちが、あなたたちにセックスは素晴らしいと教えてくれた人がいますか」と子どもたちに問います。

子どもたちは、セックスという言葉を週刊誌やアダルトビデオやまんがなどでおもしろおかしく言っているのを見たり、聞いたりするから笑いたくなります。

ですが私は、「笑ってほしくない。なぜかわかりますか。それはあなたたちが生まれたのは、あなたたちのおとうさんとおかあさんの性行為があったからです。いやらしいこととして生まれたのだと思いたいですか」と言ったとたんに、笑いが消えます。

私の話を聞いたあと、中学二年生の男の子は「ぼく一番に笑いました。大きな声で笑いました。だけど恥ずかしかった。山本さん、笑っちゃだめですよね。おとうさんとおかあさんが性行為をしてくれなければ、ぼくたち生まれてないですものね」という感想を寄せてくれます。

セックスが素晴らしいという私は「あなたたちがおとなになっていくなかでは、大好きな人を抱きしめたい。大好きな人に抱きしめられたい。大好きな人とセックスをしたいと思えるようなおとなになりなさい。おとなになっていくなかで、おれは一生そんなことはしないとか、私もしないわと言う人たちばかりだったら、地球から人間がいなくなる。それのほうが怖いと思わない？　思う心を育てていくことが大切なのです。

ただ人はそれぞれです。セックスしない人生もあります。それを私はダメだとは言いません。だけどあなたたちが社会的にも、精神的にも、経済的にもおとなになって責任がとれるようになったら、素晴らしい性行為をして赤ちゃんを産んでほしいというのが、私の願いです。もちろんそれは強制することではありません。中学生や高校生ぐらいのときは、したいと思う心をもちつづけることが大事です」

という私の話をダメだと学校側は言うのです。いちばんダメだと言われるのは、コンドームの話です。このころエイズが日本でも大きく取り上げられるようになっていました。それにクラミジアという性感染症に罹患《りかん》した女性たちが増えていることを現場で知っている私は、避妊のためにも、性感染症に罹患しないためにも〝コンドームは大切だ〟ということを子どもに教えたいと思っていました。

ところが、ほとんどの学校の校長に「山本さん、コンドームの話はしなくていいですから」と言われます。しなくていいと言うのなら、私を呼ばないでいいのではと内心思うのですが、その場では「はい、わかりました」と言って、会場に入ります。

そして講演では「校長先生にコンドームの話はしなくていいと注意されましたが、私はあえて話します。こんなことをすれば、二度とこの学校には呼ばれないでしょう。でも、それでもいいと私は思っています。あなたたちとの出会いを大切にしたいから、私の話を聞いておいてよかったと思ってほしいからしゃべります。一個のコンドームの大切さを知ってほしいのは、それがいのちのことにかかわってくるからであり、病気をもらう、もらわないにかかわってくるからです」とガンガンしゃべります。

コンドームの話に私が力をいれるのは、散歩仲間の友人が「山本さん、知らないということは怖いことだ」と口惜しそうにつぶやいて亡くなっていったからです。彼はアスベストが原因の中皮腫の患者でした。

「アスベストを扱うときに、マスクをせよ、予防服を着よ、アスベストにまみれた作業服を洗うときに注意せよ、とだれも注意してくれなかった。会社が教えていてくれたら、こんなに大勢の仲間が苦しみのなかで死ぬことはなかっただろう。自分の作業服を毎日洗濯してくれた妻も、あんなに早く死ぬことはなかったろう。ほんとに、知らないということはこわいことだ……」

彼のダイイングメッセージは、私に勇気をあたえてくれました。これからも、ひるむことなくおとなの責任として、たとえ一〇〇パーセントではなくても、コンドームは避妊と感染症予防になることを話しつづけていくつもりです。

お寺での講演

講演依頼は学校だけではなく、企業や婦人会などいろんなところからきます。ある日、私の勤務する婦人科外来に墨衣のお坊さんが私を訪ねてきて、「きのう、小学校のＰＴＡであなたの話を聞いたのだが、あなたは〝いまを大切に生きてほしい〟と言っていた。それは赤ちゃんにも老人にも言えることなので、うちの寺で老人に講演をしてほしい」というのです。

確かにお坊さんの言うとおりです。すべての人にいまを大切に生きてもらいたい。でもだからといって、お寺で高齢者相手に性の話は難しいと思ったのですが、いや、これはいい機会だと気づきました。前から高齢者の性についての相談がたくさんきていたのです。私は喜んで引き受けました。

後日お寺に出かけていくと、うす暗い御堂には、仏様の前にろうそくがメラメラと灯っています。このころには相当講演なれしていた私でも、この雰囲気のなかでは、さすがに緊張して性の話をする気にもなれません。いつのまにか、健康な老後を過ごすには、腹八分目、塩分をひかえて適当な運動をするように、というような一般的な話をしていました。

そのうちに、あちこちで居眠りがはじまりました。四国のお寺ではお坊さんの講話の前に、さぬきうどんや寿司が振る舞われますから、無理もありません。そこへもってきて前座の私の話が健康談義だったので、面白くないのは当然です。高齢者の方たちにしてみれば、塩分ひかえめにしてきたからこうして元気なのだよ、と言いたかったことでしょう。

あちこちで舟をこぐ人たちを見て、お坊さんがなぜ私を呼んだのかということにハッと気づいた私は瞬時に頭を切り換え、「一週間に一回やりよるか。痛くてできないなら、いいゼリーがあるで。どんなボケ防止よりも夫婦のセックスが一番」と言ったのです。

そのとたんに、頭をたれて舟をこいでいた高齢者たちがむっくりと顔をあげ、一斉に私のほうを向きました。その瞳は輝いていました。

義母の病気

二人の子育てをしてくれた義母が、七〇歳ごろから、ゆるやかに痴呆症状を示すようになりました。家のなかにあるお菓子類が異常な早さでなくなっていくことに気づいたのが最初でした。もともと甘いものが大好きな人でしたから、さほど気にかけませんでした。

ところが、これはいけないと思うようになったのは、トイレに下げてある手ぬぐいから糞尿の臭いがするようになったので、これは常におなかを下しているのではないかと気づいたからでした。

あちこちにあるお菓子類をすべて食べてしまうのですから、おなかをこわしてしまっても不思議ではありません。心を鬼にして甘いものを隠すのですが、昼間は一人ですからいつかは見つかってしまいます。

まだ七〇歳代の義母に、いくらなんでも下着を点検するわけにはいきません。そこで、お風呂に一緒に入ることで、義母の矜持《きょうじ》が保てるようにして確認しようと思いました。

「おばあちゃん、お風呂に入るでぇ」と言うと、喜んで入ってきます。このときにからだに異常が生じていないかをすばやくチェックします。痴呆にとってなにより大事なことはスキンシップです。きれいになった身体でバスタブにつかって満足そうな笑顔を浮かべる義母は、ほんとに可愛いものです。

そのうちに、通帳が見つからないと言って、家中探し回るようになりました。あるとき夜中に義母の部屋から物音がするので、二階に寝ていた私と夫は、泥棒が入ったのかもしれないとバットをもって忍び足で下の義母の部屋のふすまをそっとのぞいて、二人とものけぞってしまいました。何と義母が畳をめくっているのです。

「何してるの？　おばあちゃん」と呼びかけると、「通帳がみつからん。探しているの」と、哀しげな顔で言うのです。

小柄な義母が畳をめくるということにも驚きましたが、大事な通帳だからとどこかに大切にしまったものの、しまった場所が分からなくなってしまい、おろおろと通帳を探す姿が愛おしくて仕方ありませんでした。

徐々に痴呆が進行しはじめた義母ですが、足腰はとても丈夫でしたので、私の日課である朝の屋島散歩にいっしょにつれていくことにしました。屋島は三六〇メートルくらいの丘陵で源平の合戦があった場所であり、またお遍路さんがくる第八十三番札所の屋島寺があります。

私の家は、お遍路さんが歩く山道の入り口にあります。うす暗いうちに家を出ると、近所の散歩仲間がもう上り始めています。「おばあちゃん、おはようございます。今日もいい天気になりますね、気をつけて上ってね」とみんな声をかけてくれるのが、義母にはとてもいい刺激です。

ゆっくりと山頂に向かう私より、義母のほうが身軽に上って行きます。上り道の左側の木立のあいだから、高松市内の灯りが見え隠れします。

山頂につくと、瀬戸内の海が一八〇度見渡せます。お日さまが静かに上って海が銀色に輝きはじめるこの素晴らしい光景は、何度見ても飽きません。義母と二人で、思わず朝日にむかって手を合わせます。そのあと屋島寺を参拝して下りるのです。

帰ったらすぐ朝ご飯です。一家五人で朝食を食べ、子どもたちと主人を送りだし、義母をデイサービスに出したあと、私も勤務先の病院に向かいます。こうした日課をやるために、私は早めに起きてごはんや出勤の準備をしておきます。

また、夜に講演があるときは、義母を車に乗せて講演先までつれて行き、講演中は控え室でだれかにみてもらうようにしました。義母は私と一緒に出かけるのをとても喜んでくれました。行った先で大事にされることがうれしかったのでしょう。

義母を同道するのにためらいはありませんでした。私には実母にできなかった親孝行をしたいという気持ちでいっぱいでしたから。実母は、私が子育て真っ最中のときに親孝行する間もなく亡くなってしまっていたからです。

あるときから、義母の顔色がすぐれないことに気が付きました。でも義母は病院へ行くことをひどくいやがります。それでもようやく説得して検査入院させましたところ、ものすごい勢いで怒って、家に帰りたいと強く主張します。すい臓がんでしたが、入院を拒み通すので、家族会議の結果、家で見守ることにしました。

痛みを訴えることなく、義母はゆるゆると痴呆が進行していきました。末期にきて黄疸症状が出始めたので、私の勤務先であるＮＴＴ高松病院に入院させました。義母にとって、医師も看護師も知り合いなので安心です。

最後の数日間、私を含めて看護師になった娘と介護福祉士になった息子が交替で看病し、家族全員に見守られて一九九七（平成九）年一〇月、義母はおだやかに永眠したのでした。実母にできなかった孝行をすべてやらせてもらえたことは、私の大きな満足でした。

「君はいのちの応援団だね」

病院に勤務しながら、子どもたちにいのちの教育の講演に飛び回っていた私の活動をテレビが取り上げてくれたのは、義母が存命中の一九九六（平成八）年のことでした。ＮＨＫテレビが私の日ごろの仕事を「ホリディ日本」という番組で、「いのちの重さ伝えて」というドキュメントにまとめて紹介してくれたのです。

誕生したばかりの赤ちゃんを新米お父さんがだっこするところ、中学生高校生に「あなたたちは望まれて生まれてきたいのちだ」と講演しているところ、義母と朝早く屋島の山を散歩したり、家で料理をしていたり、と私の日常をありのままに撮ったものでした。

このテレビ放映されたことが、後の私の人生の転換点となったのです。

全国放送の影響力の大きさは、本当にびっくりしました。山のようなお手紙がNHKに届いていますと、担当のディレクターさんが段ボール箱に入れてもってきてくださいました。講演の依頼や、取材、そしてラジオ出演など、いろんなことが急激におこりました。

手紙のなかに「テレビ見たよ。君はいのちの応援団だね」という一枚のはがきが入っていました。それは和田芳治さんからでした。和田さんは、広島県総領町という小さな町役場に勤める公務員です。和田さんは自分の住む町の過疎化をなんとか活性化させようと「過疎を逆手にとる会」をつくって、地域の青年たちを組織していろんな活動をしています。私がかつてレクリエーションスクールに通っていたときの講師でした。

和田さんの「いのちの応援団だね」という一言に、私の心は熱くふるえました。いのちをとりあげる助産師としての私が、いのちを大切にしてほしいという願いをこめて講演していることを十分理解しての励ましの言葉だったからです。

ところが一方では、ものすごくバッシングされることになったのです。それは私の講演内容に対してでした。

「女が大きな口あけてセックスがすばらしいなんて教えるな」、「どうしてセックスをしてはいけないと教えないのか」、「寝た子を起こすな」、「コンドームだのマスターベーションなどと大きな声で言うな」という手紙がきたり、電話がかかってきたりします。それが私自身に直接だったらなんとかなるのですが、勤務先の病院にかかるようになったことで、ほんとうに悩みました。

これまでも七人の仲間に全面的に支援してもらいながら、本来の業務に支障をきたさない範囲での講演しか引き受けないようにしてきました。それでも年月を経るにつれて、スタッフにも職場にも迷惑をかけるようになってしまっていることにひそかに悶々《もんもん》としていたところに、猛烈なバッシング攻勢で、生まれて初めて胃が痛くなるほど悩みました。

そんなとき、ある人に「山本さん、病院での仕事の大切さはわかりますが、助産師であるあなたの話は、あなたにしかできないのではありませんか」と言われて、自分を振り返ってみました。

私は助産師ゆえに言えることを話してきました。その私の体験のなかから話すことがらを聞きたいという人がいるなら、私もできるだけ多くの人に聞いてほしい。でも、助産師として現場から離れたくない。できれば、病院をやめないでつづける方法はないものかと思案していました。

二〇年近く病院の活性化や、患者さんやおかあさんたちとの人間的なつながりを深めるためにスタッフと力を合わせてやってきたのですから、内心では素敵なスタッフと別れたくないという気持ちでした。でもそれでは、スタッフにも病院にも負担をかけることになり、甘えることになってしまいます。

結局、私は退職することにしました。五四歳のときでした。

第3章

駆け込み寺をつくろう
——いのちの応援舎立ち上げ

新たな職場

フリーになった私に、岡山市内で産婦人科を経営している三宅医院の三宅院長から、ぜひうちで働いてほしいというお誘いがきました。院長とは面識はありました。NTT高松病院に勤務しているとき、三宅医院のスタッフがNHKテレビを見て私を講演に呼んでくれたからです。

そのとき三宅院長は私に興味をもたれたのか、その後県民ホールで爆風スランプのサンプラザ中野さんと「エイズを語ろう」というトーク&コンサートに私が出演したとき、スタッフと昇幹夫先生を連れて聞きにきてくださったのです。

昇幹夫先生は、大阪の産婦人科医師です。笑いに病を治す効用があると気づかれた昇先生は、ガン患者とともに登山されたりする一方、笑いの効用について全国に講演して歩いているのだそうです。

三宅院長は、昇先生とは非定期診察をしていただくという自由契約をしているが、山本さんも昇先生のように、週三日勤務するというはたらき方をやられたらどうですか、と提案してくださいました。

講演をつづけながら助産師として現場で働きたいと考えていた私にとって、勤務は週三日だけで、あとは自由に講演してかまわないという三宅院長の条件はまさに理想の勤務態勢です。

私のわがままを通してくださる院長の配慮に感謝して、三宅医院に勤務することにしました。

岡山までは電車の通勤です。五四歳にして初めて電車による通勤を体験しました。それも四国と本州をつなぐ瀬戸大橋を渡っていくのです。一時間ぐらいの距離ですが、毎回瀬戸内海を渡ることに最初のころはワクワクしたものです。

でも、よろこんでばかりもいられません。週三日の勤務には、きちんと対応しなければいけません。三宅医院はとても繁盛していて、有名な医院です。医院の施設も充実していて、若い方に人気があるのも当然です。

院長は文化活動にも力をいれており、院内の特設会場でさまざまなイベントを催しています。医療版吉本興業をつくりたい、と冗談で三宅院長はよく言われていました。昇先生と私は、それぞれの契約にもとづいて実務をこなし、あとは講演活動に専念させてもらいました。

週四日も自由に使えるというのは、私にとってすごい魅力です。これまで講演してほしいという申し込みがあっても、日帰りできるところしか受けることができませんでした。その制約がとっぱわれたことで、これまでと違って泊まりがけでの講演も可能になったのです。

岡山県内をはじめ、大阪、京都、関東地方、そして広島、九州へと行動半径が大きく拡がりました。ただ私の住む高松は、本州に行くまでにかならず海、つまり瀬戸大橋を渡って行かなくてはいけません。

講演先が飛行機で行ける場所なら飛行機で行きます。でもそういう場合ばかりではありません。大体は在来線を乗り継いで行かなくてはならないような場所です。頼まれれば、山奥でも島でも出かけます。効率よく動けるようにと考えて日程を組むのですが、いちいち自宅に帰っていると、間に合わなくなってしまいます。

最初は講演が終われば、無理をしてでも自宅に帰っていましたが、講演回数が増えるにつれて、身体がしんどくなっているのに気づいたのです。夫にも無理をして家に帰ることはない、岡山で泊まったらどうかと言われていました。でも正直言って、講演料をたくさんもらっているわけではありませんから、つい、主婦感覚でもったいないと思ってしまうのでした。

考えてみれば、私はもうけるために講演をしているわけではないのですから、心身共にベストな状態でいなくては、講演を聞きにきてくださる方たちに申し訳ありません。そこで乗り継ぎがうまくいかないときには、ビジネスホテルを利用することにしました。

岡山駅前にあるビジネスホテルをいくつか利用しているうちに、とても気に入ったホテルをみつけたのです。そこを起点にして動くようにしたら、身体的にも精神的にもずいぶん楽になりました。

初めての書き下ろし

講演先までの移動の時間は、私にとっては書斎でもあり、休息の時間でもあります。普段は日々読めない新聞をゆっくり読みますが、以前からすすめられていた書き下ろし本の内容を考える時間にあてました。

中学生や高校生に私がいつも話していることを中心に、子どもたちから寄せられた手紙や感想文を入れて『いのちの応援団』という書名で、一九九八（平成一〇）年七月に出版（晩聲社）しました。書名は、前述した和田さんからの手紙、「君はいのちの応援団だね」という言葉からいただきました。

助産師である私は、一人のいのちが生まれるまでにおかあさんやおとうさん、家族とわたしたちのみんながどんな思いで関わっているかを知っています。その大切ないのちを自分で簡単になくしてしまったり、傷つけたりすることだけはしてほしくないという切実な願いを込めて「いのちの話」を子どもたちにつづけてきました。それは奇《く》しくも和田さんがハガキに書いてくださったように、「いのちの応援団」のひとりでありたいと考えたからです。

子どもたちから寄せられる手紙や感想文に、私は励まされ、勇気づけられてきました。私ひとりが読むだけではもったいない、といつも思っていました。子どもたちは、セックスをするなど言われるまえに、性行為のすばらしさといのちを大事にすることのすばらしさを、おとなから率直に話してほしい、と願っています。

本当のことを知りたいという子どもたちの本音を、おとなにも知ってもらいたい。そのためには、子どもたちの思いを入れて本をつくることにしようと考えたのです。性別と年齢だけで、名前も住所もわかりませんから、許可をいただくことはできません。あとがきでその非礼を詫びて、私の独断で収録させていただきました。

また同じ年の五月には、『続いのちの記念日』も出版（恒友出版）しました。六年前に上梓した『いのちの記念日』が好評だったので続編を出すことにしたのです。残念なことに『いのちの記念日』と『続いのちの記念日』は、すでに絶版になっています。『いのちの応援団』はいまも版を重ねておりますので、機会があったら読んでいただければ幸いです。

二〇〇四（平成一六）年には、前著の続編として『いのちの応援団Ⅱ』（晩聲社）を上梓しました。前著は、子どもたちに何としても正しい性知識を知ってもらいたい、という思いを込めてつくりました。続編では、私が中学校で話しているかたちにそって、親と子どもに共に知ってもらいたいこと、そしてその上で、親やおとなたちにもっとわかってもらいたいことを書きました。併せてお読みいただければと思います。

衣装の話

講演回数が増えて困ったのは、衣装です。長年病院勤務で、白衣で過ごす時間が多かったこと、職住近接だったので、そうたくさんの洋服をもたなくても結構大丈夫でした。ところが、近隣以外の県外にも出るようになると、一応それなりの洋服が必要になります。

学校で講演するとなると、スーツで決める方が多いのですが、あいにく私は紺のスーツに白いブラウスというようなものはもっていません。娘にはいつも「おかあさん、学校での講演には、清楚な洋服で行ってね」と言われるのですが、一度もそんな格好をしたことがありません。

元々浅黒い顔で、ちょい太めな私に清楚なスーツは似合いませんから、「大阪のおばちゃん」をもっと派手にした洋服を好んで着ます。そんな私の洋服のセンスを元教員だった叔母は「ふみちゃんのは、派手ではなく下品」といつも批判されました。品がないと言われても、派手を通り越して〝ド派手〟にするのは、私なりの考えがあってのことなのです。

中学でも高校でも、先生方が私の話を聞かせたいと思っている子どもたちの中には、ヤンキーと呼ばれる子どももいたり、すでに性体験をしていたり、なかには中絶を経験している子どももいます。その子たちは、金髪、茶髪、ピアス、化粧、ずりさげズボン、制服の着くずしなど、格好からまず抵抗しています。彼らは大体会場の後ろのほうにかたまって、がやがやと仲間同士でしゃべっています。

かつて保健師さんの性教育を聞いたときのことです。彼女は紺のスーツに白いブラウスで「こんにちは。今日はみなさんに大事な話をしたい――」と話しはじめたのですが、後ろに陣取っていた彼らは、わざと大声でしゃべりはじめたのです。そうなると前のほうで静かに聞こうとする子どもたちまで集中できないので、背をまるめてうつむくもの、隣同士でしゃべりはじめるもので、会場がざわざわした雰囲気になっていきます。

もちろん先生方は静かにさせようと必死で注意をしますが、いったんそうなるともう収拾がつきません。

看護職が専門で、おしゃべりが上手なわけでも自信があるわけでもない私が、話の導入部でガヤガヤと騒がれたら、それだけで立ちすくんでしまいます。せっかく与えてもらった子どもたちに話す機会を無にしたくない。

子どもたちの視線を私のほうに向けさせ、話を聞いてもらうには、どうしたらいいだろうかと真剣に考えました。騒ぐ子どもたちの度肝を抜くためには……と考えていて、はたと気づいたのです。彼らの上をいく「格好」、つまり「衣装」で勝負する、と。それでもだめなら、「初体験終わりましたか!」「デートの前のマスターベーション」というような言葉で、興味をそそることだ、と考えたのです。

まず頭は、金銀、あるいはメッシュに染める。真っ赤なブラウスの背には豹《ひょう》が大口あけている。大きなカラフルなイヤリングにブレスレット。靴も衣装に合わせて赤や黄色、あるいは西陣織模様のブーツを履く。但し残念なことに、学校では靴を脱いでスリッパになることが多いのですが。

この出で立ちで会場に入っていくと、他人の洋服にめざとい彼らが「ウォーッ、すぅっげえ！」と素っ頓狂な大声を発します。そして、仲間内で「背中にいるのはライオンか、ネコか」とワイワイガヤガヤ。

まさか講師が、自分たちより派手な格好で来るとは思ってもいなかったのでしょう。彼らの嬌声に、なにごとかと会場の子どもたちも一斉に顔を上げて私を見ます。彼らが喚声を上げてくれれば、勝負あり、です。

私は子どもたちに話すときは、可能なかぎり演壇には上がりません。子どもたちと同じ目線で話します。後方でざわめく子どもたちに開口一番「残念でした。ライオンでもネコでもありません。豹でぇーす！」と彼らにむかって大声を張り上げます。

これだけで、彼らは講師が自分たちに反応してくれたと、身を乗り出してきます。彼らはいつも周りから無視されていますから、講師のおばさんが直接自分たちに向かって話しかけてくれたことに驚いたのです。

わたしなりのやり方に自信をもっていましたが、後年、二〇〇六年に私と仲間の助産師とで助産院を開業したとき、お産で入院してきた女性が退院時に書いてくれた手記を読み、ド派手でよかったのだとうれしくなりました。

〈手記〉私の人生を変えた山本さんとの出会い

私は中学生になってから友達が変わり、〝仲間とつるんで〟様々な事をしていました。万引き、カツアゲ、タバコ、お酒……等、不良行為は当たり前のように毎日していましたが、中2になってからは内容に性的な事が加わり（AVを男女グループで見る、ひとつの家に何組ものカップルが集まって見せ合いのようにイチャつくなど）、友達の一人は妊娠し、中絶もしていました。何故か、それは武勇伝のようになり、いつの間にか妊娠→カンパ→中絶＝仲間のような……。何かがおかしくなっていました。

山本さんの講演のあった週の月曜日、私達仲間は『伝言ダイヤル』に「処女を十万で買ってくれる人、伝言ください」と伝言を入れ、週末には〝仲間〟内でジャンケンに負けた者が身体を売って皆で大阪に遊びに行こう！　と話していました。

丁度、その週の水曜か金曜だったと思います（山本さんの講演があったのは）。

「何かつまらんげな講演あるらしいでー。」

「つぶしてやらんのー?」とかと、男女の仲間で話し、体育館に生徒が集まりだした時、茶髪集団の私達は先生ににらまれながら、体育館の後ろに陣取り、ヤジを入れてやろうとその時を待っていました。

そして、次の瞬間、校内一目立っている茶髪集団の私よりもさらに茶髪(いや金髪!?)の女性が壇上に立ち(正直ビックリしました)超パワフルなあいさつ……。仲間のだれ一人もふざけることも出来ず、山本さんカラー!? 空気!? に飲まれました。

「デートの前のマスターベーション」

「自分を大切にしろ!」

数え切れないほどの心を刺す言葉とインパクトに、仲間達は涙を流し、私と中絶を経験した友達は、吐き気とめまいで泣きながらトイレに逃げ込み、その後感想文を書けるような状態ではなく、ずっと泣きながら、吐きながら、おじいちゃんのお墓で一日正座をして夜を明かしました。

〝自分は大切な存在なんだ〟

〝女性の身体は素晴らしい〟

あの日、山本さんに出会わなければ、間違いなく私は一生後悔した結果になっていたはずです。
週末ジャンケンに負けていたら……？
仲間の家に集まって妊娠、中絶をしていたら……？

あの日以来、仲間内で何かが変わりました。山本さんの影響力を知ってほしいので、以下記します。

〈仲間〉

・私　講演後、両親と関係を徐々に修復。中絶に期限(法律)があると分かり、後輩に知ったかぶりで教えて感心され、気分良く感じ、法律って格好良いと思い、その後高校→大学→弁護士事務所へ就職。現在は、結婚出産、1児の母。そしてまだまだ法律の勉強は続けていくつもり。

・○○ちゃん　講演後、看護師にあこがれ、看護科のある高校へ進学。看護師になってから結婚、3児の母となっています。ちなみに○○ちゃんの妹も看護師になりました。

・△△こ　講演後、家族と関係を修復。中絶経験者。その後、小児病院の事務職へ就職。結婚したものの、現在不妊治療中。彼女は一番涙を流し、その後私と一緒にお墓(私のじいちゃん）の前で夢を語った友です。

あと、何人かいますが簡単に。

・仲間の男子達　回転寿司の店長、大工、富士通、トラック運転手、一人だけ暴力団組織に入ってしまいました。

以上です。

あの日、山本さんに出会わなければ、私は今、ここにいなかったような気がします。子供のために母乳が出ないと悩むことも、陣痛の痛みを味わうことも。

心から命の恩人に感謝しています。

私のような若者がたくさんいます。山本さんには、どうかこのまま声を上げ続けてほしいです。

そして私も第２の人生の分かれ道として、自分に何が出来るのか（ＰＴＡ役員になって講演依頼とか）。いのちの応援団の応援をしたいと思います。

ある地方で、こんなことがありました。私が講演を終えてバス停でバスを待っていたところ、だれかを呼んでいる声が聞こえます。何度も何度も呼んでいるのですが、見知らぬ土地で私を呼ぶ人がいるとは思いませんから、じっとしていました。

とうとうその声は「ふみちゃん！」と、私の名前を呼んでいるのだと気がついて声の方をみると、茶髪の子や制服をくずして着ている子が何人か、私の方を向いて手を振りながら「講演、あ・り・が・と・う！」と言っています。

「あなたたち、まだ学校のある時間でしょう。何してるの？」と聞くと、「ふだんは学校さぼってるけど、今日は山本先生の講演があるから、それだけ聞きにこいって、先生が呼びにきたんだ」と言うのです。

先生方のどうにかしたい思いが伝わってきて、胸が熱くなり、思わず鼻をすすってしまいます。いつもこういうとき私は、自分の手でとりあげた子や、若い人たちが知らなかったためにつらく悲しい目にあうことのないよう、私のできることをしよう、若いみんなのいのちの応援団であろうと自分に言い聞かせるのです。

ちなみに、大阪のおばちゃんたちが豹柄を着だしてからは、そうした柄物を着るのをやめたのですが、早速衣装に困ってしまいました。派手な衣装というのが、地方ではそんなに売られていないからです。

私の体型が普通サイズではなく、少々太めですから、探すのに大変苦労します。なにしろいつも忙しくて、地元でゆっくりウインドーショッピングをする時間もありません。だから東京に行ったときは、時間の許すかぎり衣装探しをします。幸い東京には、私の派手好きを面白がる友人が二人いて、いつも衣装探しに協力してくれます。

友人の一人は、私の体型・風貌《ふうぼう》からアフリカンスタイルが似合うと言うのです。そう言う彼女は、洋服のセンスが抜群によい山の手のマダムです。彼女のすすめで、麻布や六本木、原宿の民族衣装のお店にもよく行きました。

ところが、民族衣装には限界もあり、いよいよ着るものに困っていたところ、もう一人の友人が「姉が洋裁師だから、いっそオーダーメードしたら」と提案してくれました。オーダーメードなら、いろんなかたちの洋服が可能です。でも私が着るような生地は、高松ではあまり売られていません。

さすが、プロの洋裁師である友人のお姉さんは、日本一の繊維街が上野駅の近くの日暮里《にっぽり》というところにあるから、そこへ行ってみたらどうですかと言ってくれたのです。

早速上京の折に、友人に連れていってもらいました。日暮里は問屋街なので、安く生地を買うことができます。講演回数が多いので、枚数が必要ですから、安いのは大いに歓迎です。

さすが東京。派手な舞台衣装用の生地屋（あまりのきらきらに私でも尻込み）やら、上品な外国生地やら、若者むけの綿生地専門店やら、外国もののカーテン生地やらと、ほんとにたくさんあります。たくさんあるのはいいのですが、その街は卸専門ですから、生地がロール状に巻かれて、山のように無造作に積まれている中から選ばなくてはいけません。

　必死で探しているうちに目がチカチカしてきます。ぴたっとくるものに出遭うまでが大変。自分の気にいった生地を買うことができたときは、帰りの足は軽いのですが、なかったときは、もうしょんぼりです。ド派手衣装を着るのも楽ではないのです。

　それでも安く買った生地に、仕立代も安くしてもらっているので衣装選びが楽になり、いまは満足しています。でもこのごろでは、顔なじみになった日暮里の生地屋さんからも、そんなに派手なものはありませんよと呆れられています。

　こんなこともありました。数年前、高松市の成人式の記念講演の講師に呼ばれました。いつものド派手衣装で会場に行ったのですが、入り口のガードマンのおじさんがどうしても会場に入れてくれません。変なおばさんがやってきた。中に入れたら大変だと思ったのでしょう。いくら説明してもだめでした。主催者の方を呼んでいただき、やっと中にはいることができました。

　目下の悩みは、目いっぱい派手な生地でつくったと思って着て行っても、このごろでは「山本さん、今日の衣装は地味ですねえ。どんな派手なのを着ていらっしゃるか楽しみにしておりましたのに」と言われることです。

だれもが相談できる駆け込み寺をつくろう

週三日という破格の厚遇を受けて、岡山市内にある三宅医院に勤務しながら講演活動をつづけていたのですが、そのうちに両立させていくことの難しさを感じるようになってきました。三宅院長は、私を高く評価してくださり、有能な若いスタッフをつけて私が動きやすいように最大の配慮をしてくださいました。ですが、看護部長という仕事は責任が重大です。助産師という仕事が大好きで天職と自認している私は、自分が留守にしているときのことも合わせて十分に仕事を全うしようと懸命に努力をしました。

でも、どんなに努力しても、毎日現場にいないことで、十分な対処ができていないのではないかという恐れを抱くようになってきました。そのうちに、責任者でいることは無理ではないかと、その職責を大変重く感じるようになってきました。

同時に、講演範囲が拡がるにつれて、講演を聞いた人たちが相談にきてくださっても、その時間をつくることが容易ではありません。要望が多くなるにつれて、それに応えられないことがつらくなってきました。いったい私は、何のためにフリーになったのだろうと自問することが多くなりました。

私は、三宅院長に自分の心境を正直に話しました。院長は私の苦悩を理解してくださり、一九九九（平成一一）年に退職しました。

「いのちの応援団」のひとりとして私のやることはなんだろうかと、遠隔地の講演に行く道すがら、また料理をつくっているときも懸命に考えつづけました。熟慮の末に得た結論は、「みんなの相談できる駆け込み寺をつくろう」と思い至ったのです。

若い人からお年寄りまで、年齢・性別に関係なく気楽にお茶を飲みに立ち寄れるサロンのような場所をつくりたい。

幸いかつて買ったマンションを人に貸していたのが、あと数ヵ月で契約更新時期を迎えます。自宅を開放してもよかったのですが、自宅のある場所は、屋島の山の中腹にありますから、ちょっと無理です。マンションのある場所は、屋島の入り口で、私が購入したときより一段とにぎやかになっています。向かい側には大きなスーパーマーケットが出来て、そこには大きな駐車場もあります。隣にはビジネスホテルがありますから、何かイベントをやるときにも便利です。

夫に相談したところ、気持ちよく賛成してくれました。これまでも私がやりたいということに、夫は反対したことはありません。夫は賛成してくれただけではなく、自分もやりたいことがあるので早期退職をして、事務方を引き受けようと言ってくれました。

夫には夢があるというのです。定年後は、悩みを抱える人や高齢者の話に耳を傾ける「傾《けい》聴《ちょう》ボランティンア」をやりたいと言います。夫の定年後の人生設計は、すでにできていたようです。事務の仕事をやりながら傾聴ボランティアの勉強をするという夫に、それなら私のところにヘルパーの講習会の誘いがきているけど行ってみますかと言うと、夫はヘルパーの資格もとりたいと思っていたので、講習会に参加しようと言います。私たち夫婦は長いあいだ、それぞれ別々の道を歩んできましたが、どうやら老後は手を携えていけるのだと思うと、私としては心強い援軍でした。

ところで、新しいことを始めるときの私は、いつでも内心ではやるべきかどうかかなり迷います。外見は肝っ玉かあさんのように見えるので、なんでもぐいぐい進めるように思われるのですが、結構気の小さいところもあって、ぐずぐず悩みます。

ただざんざん悩み迷っても、どうしてもやりたいという結論を出したときには、勇気をもって迷いの一線を飛び越えます。決断を下したあとは、もう迷いません。失敗しても自分で責任をとると決断したのですから、前を向いて走りだすだけです。

いつものことですが、走り始めると私にはそのゴール地点の景色がはっきりとしたかたちで見えてきます。まわりの人たちを巻き込んで、ゴールに飛び込みます。困ったことにゴールしてしばらくすると、また次のゴールを目指したくなるのです。

マンションが空き室になるまでのあいだ、家のリビングの一廓を準備室としました。といっても、家族がごはんを食べる食卓テーブルの上がオフィスです。講演のない日は、家族が出勤したあとテーブルの上を片付け、オープンスペースをどんなふうに構成していくかという構想を練りました。

かつての職場の仲間たちのなかに早期退職してフリーになっている人もいましたから、彼女たちに呼びかけたところ、何人かが協力したいと申し出てくれました。私にとっては、気心のしれた心強い味方です。

まず、駆け込み寺の名を私の本の題名からとって**〔いのちの応援舎〕**（現・NPO法人いのちの応援舎の前身です）としました。かつて私を「君はいのちの応援団だね」と言ってくれた和田芳治さんに、〔いのちの応援舎〕という駆け込み寺をつくりますと話すと、彼は自分の山から採ってきた木材に、いのちの応援舎、と書いた看板をつくって、送ってくれました。

自宅の玄関にその看板を掲げて、あくまでも準備室の段階でしたが、みんなの駆け込み寺としてのいのちの応援舎は出発しました。

かつて私のドキュメントを撮ってくれたNHKのディレクターさんが、このことを知って取材してくれたので、四国ではテレビでもニュースで放映されたのでした。

数ヵ月後。

借りていた方が退出されたのを機に、私の退職金をつぎこんで、オープンスペースとして使えるようにマンションを大幅改装しました。

いのちの応援舎スタート

一九九九（平成一一）年八月。

屋島のふもとにあるマンションの一室で**〔だれもが相談できる駆け込み寺・いのちの応援舎〕**が正式にスタートしました。

夫が常駐する事務所の一部を香川県の助産師会が借りることになりました。夫が手伝ってくれるようになって非常にたすかったのは、講演申し込みがあったときの日程の調整や、電車・飛行機の切符の手配を自分でやらなくてもよくなったことです。

南側に面した二〇畳近いフロアでは、妊婦用ヨガや両親学級を開催し、無料電話相談（思春期相談、妊婦・育児相談、更年期相談）は、有志の助産師の協力を得て運営していくことにしました。私が講演でいないときにも自主的に運営されるように、いくつかの約束事を仲間のみんなと取り決めました。

講演専一になった私は、依頼されるところには全国どこへでも出かけました。二〇〇〇年ころからその回数は増え、年間二五〇回にもなりました。依頼が増えた理由のひとつは、講演対象を高校生だけでなく、中学生にもひろげたからでした。

中学生に性教育をしてほしいというお話は、まえからありました。しかし、中学生といっても、成長段階は個々人でものすごく差があります。また性への関心にも大きな開きがあるので、話を聞いて理解する力にも差があるのです。

学校で私が話す時間は、せいぜい四〇分とか五〇分です。私の紹介などに手間取ると、正味三〇分くらいしかないこともあります。そんな短い時間で一方的に話をして、それっきりというのは、子どもたちにも、また親たちにも誤解を与えるかもしれないというためらいがありました。

ただ病院の現場では、小学生や中学生の妊娠という現実に接することが少なくありませんでしたから、内心では性教育を〝いのちの教育〟として中学生にもしなくてはいけないと感じていました。

もうひとつは、高校生の感想文の中に「もっと早く中学生のときに聞きたかった」という声もあったからです。また、母親教室や保育所、幼稚園、小学校などの保護者たちに話す機会が増えるにつれ、お母さんたちから「子どもたちにもぜひ聞かせたい」という要望も多くなりました。

「〝寝た子〟を起こすようなことを言っている」と一部のおとなたちから批判されながらも、

私が子どもたちに伝えたいと思うことは、おとなの責任として伝えていこうと、高校生を中心に講演をつづけてきました。ところが性の問題は、私がためらっているあいだにどんどん低年齢化していたのです。

そこで私は、中学生に講演するときは保護者にも先生にも一緒に聞いてもらい、子どもたちの講演のあと時間をとって保護者に、私がなぜここまで言うのか、そのわけを話すことにしました。こうしてお母さんたちや子どもたちに励まされ、中学生への講演に私は一歩踏み出したのでした。

疲労のはての転倒

講演が増えたもうひとつの理由は、日本助産師会と日本看護協会での研修会に講師として全国を回らせていただいたことです。いのちの応援舎を立ち上げたころから、日本助産師会と日本看護協会では、助産師も性教育をやるべきだという方針を打ち出して、北海道から沖縄までの各地区で研修会をおこなっていました。

講師として全国に出かけていくなかで私は、たくさんの助産師に出会いました。そのなかには私と同じように、子どもたちにきちんと性の知識をもってもらいたい、十代の妊娠や性感染症の増加をなんとかしなくてはいけないと考えているものの、どうやったら地域に飛び出していけるのかと悩んでいる人たちが大勢いるということを知りました。

助産師である彼女たちは、自分のとりあげた子どもたちが苦しんでいるのをなんとかしたい、そのためにも自分のいる地域の「いのちの応援団」になりたいと思っていたのです。彼女たちは研修会での私の講演を真剣に聞いてくれました。

かつての私もそうでしたが、役に立ちたいと思うだけでは、外に出て行くことはできません。前にも書きましたが、私も私の思いを聞いてくれた高校の先生が偶然にもいたことが一歩を踏み出すきっかけになったのです。

同じ思いを抱く同業の仲間たちに、私の経験からくみ取って地域で活躍してほしいと懸命にお話するのですが、限られた時間では、細かなことを伝えることはできません。互いに不完全燃焼のまま別れたあとで、私に何ができるだろうか、といつも考えていました。

依頼のあるところへは可能なかぎり行って話すと決めて、東奔西走していたある日のことです。昼の講演を終えてホテルで休息をとり、夜の講演のまえに夕食を早めにとっておこうと食堂にむかったところ、ほんの数段の階段をふみはずして転倒しました。あっと思ったときには、肩に激痛が走り、目の前に火花が……。

それでもすぐ立ち上がることができたので、軽く食事をすませ部屋にもどって少し休息することにしました。ベッドに横になろうとしたとき、肩から鎖骨にかけて激痛が走ります。これは骨にヒビが入ったかもしれないと思った私は、いつも常備している痛み止めを飲み、湿布薬を貼って、ともかく講演会場に向かいました。

なんとか講演を終えたものの、自宅にもどる道すがら、体力には限界があるという現実にうちのめされました。講演活動一つでいのちの応援舎を維持していくのは無理なのではないかという思いもありました。

翌日お医者さんにみてもらったら、鎖骨を骨折しているというので、大事をとって数日間すべての活動を中止し、休息することにしました。

家でボーッとしていたときです。そうだ、同じ志をもつ仲間たちが全国にいる、その仲間たちに、私のやり方、考え方、生き方を伝えて、全国にいのちの応援団員を広めていけばいいのではないか、と思いついたのでした。

いのちの応援塾・性教育セミナーを高松で開講したい

同じ志をもつ全国の仲間たちに、「あなたもいのちの応援団になりましょう」と呼びかけることにした私は、その勉強会を〈いのちの応援塾・性教育セミナー〉と名付けました。早速、いのちの応援舎を支援してくれている仲間に相談したところ、彼女たちは積極的に賛成してくれたのです。

彼女たちも小さな子どもにむけた性教育（保育園での幼児向け出産劇）を実践していましたから、少しでも同じ志をもつ仲間が全国に増えていくことは大歓迎だと言います。何度も検討会をひらきました。

セミナーの多くは、東京や大阪などで、著名な講師を呼んでおこなわれます。医療関係者は、そんなセミナーでよく勉強しています。勉強という点では、そのほうがいいでしょう。

でも私がやりたいと考えた性教育セミナーは、知識を増やすことが目的ではありません。私たち医療従事者がそれぞれの地域で、どうしたら「いのちの応援団」になって地域に貢献していけるのかを、実践的に学ぶことなのです。

私も病院に勤務しながらこの十数年、試行錯誤しながら子どもたちに語りかけてきました。これまでにも書いてきましたように、言い過ぎだと何度もたたかれました。精神的に落ち込んで、やめようかと思ったりもしました。

でもそういうとき、これまで出会ったさまざまな人にいただいた励ましの言葉を思い出しました。一時は落ち込んでも、子どもたちの泣く姿を見るにつれ、また懸命に学校現場で奮闘している養護の先生方の努力を見るにつれ、「いのちの応援団」になろうと決意した私がこんなことでどうするんだという裡《うち》なる声が私を叱咤《しった》します。

そういうとき、いつも私は子どもたちから寄せられた感想文を読み返してきました。あるときから感想文を読んでいるうちに、子どもたちが私の講演のどこに興味をもち、おとなに何を伝えてほしがっているのかが見えてきました。それだけではなく、きちんと読み込んでいくと、次の講演にかならず活かすことができます。

講演をはじめたころの私は、妊娠と性感染症を防ぎたい一心で、中絶の話もコンドームの話もリアルに話をしていました。ところが、あるとき中絶を経験した女の子の「私はいのちを殺した殺人者なのですね」「性感染症は怖い。ぜったいセックスはしない」という感想文を読んで、胸が痛みました。

私の話を聞いている子どものなかには、中絶した人もいるかもしれない、性感染症で苦しんでいる人もいるかもしれないという危惧《きぐ》は常にもっていました。だから、注意しながら話していたつもりでした。でも私の話で、その子たちの心に癒《い》やしがたい傷を与えてしまったという激しい自責の念に苦しみました。

中絶に関して厳しく言えないなと落ち込んでいたときのことです。年末のある日、女子大生が「妊娠したのでなんとかしてほしい」と切羽つまった声で電話してきました。彼女は年明け早々面接を控えているので、どうしても年内に中絶してほしいというのです。ドクターに無理を言って診察してもらいました。やはり妊娠していました。彼女はどうしてもと中絶を懇願します。

仕方なく手術をしたのですが、一年後、また中絶してくださいと駆け込んで来ました。一年前にあれほど罪悪感に苛《さいな》まれて泣いていたのに、またしてもやってきたのです。それどころか、「山本さんのところに来たら、怒られるから」と言って、ほかの病院で中絶したこともあると言います。

私は騙《だま》されていたのです。自分にものすごく腹が立ちました。子どもたちにどう話したら、自分のこととして受け取ってくれるのだろうか。話すことのむずかしさを痛感しました。でもむずかしいからといって、おとなが口をつぐんでしまっては、子どもたちは何度も悲しい目にあうかもしれません。避妊や中絶については、なるたけソフトに話すよう心がけるようになりました。

セックスを大切にしてほしい。人を抱きしめるすばらしさ、抱きしめられることのうれしさを、おとなははっきり伝えていかなくてはいけない、と私は切実に思っています。

そしていま、私が懸念しているのは、「親に抱きしめてもらっていない」と感じる子どもやおとなが多くなっていることです。

先日も講演のあと、私の傍らにやってきた女子大生が、「山本さん、抱きしめてください、ぎゅっと」と言うのです。全力投球で講演する私は、いつも終わるころには汗びっしょりですから、「こんな汗くさいおばさんが抱くのでもいいの？」と聞いてしまいました。

「良いです。強く抱いてください」と真剣なまなざしで私を見つめています。一人がそう言うと、私も、私もと五、六人の女子が並びます。驚いたことに男子学生まで並んでいます。

育児中の女性たちに話す機会がたくさんあるのですが、お母さんたちの何人かは「私を抱きしめてください」とやってきます。思うようにいかない育児に疲れはてたお母さんの助けを求める声に、私は「がんばってるね、えらいね」と強く抱きしめます。

携帯やスマートフォンでいつもつながっていないと不安だというのも、もしかしたら親や愛する人に抱きしめてもらいたいと思う気持ちと同じなのかもしれません。

私は子どもたちに話すときには、世の中にはいろんな考え方があるから、私の話すことがすべて正しいと思わないでほしい、ということをかならず言うようにしています。というのも、私にいつも建設的な意見を述べてくれる二人の養護の先生が「山本さん、今日の話の中で、この部分とこの部分は、決めつけた言い方をしない方がいいですよ」とか、「こういう言葉はやめたほうがいいです。教育委員会がもっとも嫌う言葉です」と注意してくれます。

これは大変重要なことです。教育委員会や保護者からクレームがきた場合、学校として対処しなければなりませんから。

現場にいるからこそ忠告できる言葉を真摯《しんし》に聞いて、私は子どもたちへの話し方を微調整してきました。こうした細かなことも含めたノウハウを、これから地域のいのちの応援団員になりたいという人たちに伝えていきたいのです。

仲間と話し合った結果、セミナー会場はマンションの一室である〈いのちの応援舎〉でやり、講師は、四国・高松で「いのちの応援」をつづけている方々にお願いする、ということにしました。私の生き方に影響や刺激をあたえてくださった方たちに講師になっていただくなかで、私や仲間がやっている講演を実際に見てもらうことで、何かをつかんでもらおうと考えたのです。

セミナーを開くにあたって五つの目標を立てました。

1 研修生が自分自身を輝かせる。
2 参加した人たち同士お互いに吸収し合う。
3 少人数で心が温かくなる内容にする。
4 いのちの応援舎での手づくり研修とする。
5 ネットワークづくり。

そしてここがもっとも大事なことなのですが、人が生きる上で食はとてもたいせつな役割をもっていると考えているので、セミナー中の食事は基本的に私たちの手づくりとし、地元香川のうどんと瀬戸内の美味しい魚料理なども入れてもてなすことにしました。マンションは広いわけではありません。塾生は二〇人が限度です。幸いとなりにビジネスホテルがありますから、塾生はそこに宿泊してもらいます。塾生の条件は、これまで全国で出会った仲間の助産師に限定しました。

その理由は、同業の仲間たちは、身体のしくみや、医療面での説明を必要としていないうえ、いま現場で子どもたちに何が起きているのかを把握しています。但し、二回目以降からは看護師、保健師へと枠を広げました。そして二〇〇七（平成一九）年からは、養護教諭をはじめ、いのちの仕事に携わる人ならどなたでも参加できるようにしました。

こうした子どもたちの現況を熟知している人たちにとっていま必要なことは、地域に飛び出していくときのきっかけのつかみ方を、私や仲間（真鍋、田中、三好。三人とも助産師）の実践を見ることで知ってもらえると思ったのです。

「人と人の出会いはすばらしい」というのが私の口ぐせです。できれば、異業種の人との出会いをたくさんもったほうが、人生に彩りがあって豊かな気持ちになれると思っています。実際私は全国を講演しているなかで、さまざまな業種の方々と出会います。その一つ一つの出会いは、ドラマティックであり、教えられることがたくさんあります。

人間が大好きな私にとって、これまで多くの人たちとの幾千もの出会いは宝物です。それぞれの地方で、地域に飛び出したいがその一歩を踏み出せないでいる仲間たちに、私がやってきたやり方を実践的に学んでもらうなかで、出会いのすばらしさを実感してもらいたい。そしてそれぞれの地域でいのちの応援をしてもらいたいのです。

なにより、本当のことを知りたい子どもたちに、おとなとしてセックスのすばらしさを堂々と伝えていくことが、いのちを大切にすることになるのだと伝えていってほしいと考え、セミナー開催をこう呼びかけました。

いのちが軋《きし》んでいます。
いのちが泣いています。
いのちが殺されています。

今ほど「いのちの応援団」が求められている時はありません。

私がいのちの応援団になるきっかけを与えてくださった人たちと今、四国高松でいのちの応援をしつづけている方々を講師にお迎えしていのちの現場から伝える性教育についてのセミナーを開催します。
辛いいのちを応援し自分自身のいのちを輝かせる「いのちの応援団」を目指しませんか。そしてその輪を日本中に広めましょう。一人でも多くの子どもたちが今を大切に、いきいきとした人生を送ることを願って……

塾長　山本文子

セミナーの内容

出会ったときにいただいた名刺を頼りに手紙を出しました。それと私が講演で出かけたときには、セミナーをやるから参加しませんか、と声をかけました。

正直、四国高松でやるセミナーにどれだけの人が参加してくれるのか見当もつきません。ですが、私には成功するという自信がありました。それはこれまでも、仲間とともに病院活性化や、駆け込み寺・いのちの応援舎を設けて、さまざまなイベントに取り組んで成功させたという実績があったからです。

どんなときにも仲間の力を信じて、各自の特性を存分に発揮していくようにすれば、一の力が何倍にもなるという経験をいままでたくさんしてきました。だから、決断した以上は前に進むだけです。

セミナーは、前期と後期の二回に分けました。前期は二〇〇二（平成一四）年五月二四日（金）～二六日（日）、後期は一〇月一一日（金）～一三日（日）に分け、いずれも二泊三日で、参加費用は研修費と宿泊代と食事代込みで各五万円としました。

前期の主眼は二つあります。

まず、学校における性教育の現状を知ることです。講師には香川県立高校の養護教諭のお二人にお願いしました。両先生は性教育の実態を熟知しておられるベテランです。

私たちが学校に呼ばれて行くとき、子どもたちの現況を知っておくことはとても大事です。中学、高校でどんな性教育がおこなわれているか、そして子どもたちや学校、親たちが何を話してほしいと考えているのかをあらかじめ知っておけば、トラブルをおこしたり、バッシングされたりすることが少なくなるはずです。

次に、レクリエーションの手法を学んでもらいます。これから塾生たちが地域に飛び出して講演するとき、きっと参考になります。講演しても盛り上がらないときや聞いてくれないとき、レクリエーションをやることで雰囲気を和《なご》ませることもできます。そして、ふれあいの大切さを教えてくれます。仲間づくりの方法としてはとても良いと思ったからです。

講師は、私がかつてレクリエーションを学んだときの和田芳治さんと田中一裕さんです。

和田さんは広島県の公務員（当時・総領町教育長、人間幸楽研究所主任研究員）で、自分の住む町が過疎になっていくのをどうやってくいとめるかを、田中さん（当時・福祉専門学校講師、生涯学習サポーター、レクリエションコーディネーター）ら仲間たちと考え、独自のレクリエーションと発想で「過疎を逆手」にとって地域おこしをしていこうと「過疎を逆手にとる会」を主宰しています。

中央志向ではなく、いまいるところで自分は何ができるかという彼の考え方は、当時、病院の活性化を考えていた私に、大きな影響を与えてくれました。これまでレクリエーションといえば、キャンプファイヤーとゲームをやって、みんなで定番の歌を歌うというものでした。

ところが、和田さんのレクリエーションは、心がときめき、生きていることの高ぶりを実感するものでした。楽しくて感動がある個性あるやり方だったのです。毎回同じものではないレクリエーションを、みずから創作することの楽しさを教えてくれました。これをみんなにも知ってほしい。自作の歌を歌い、互いに手をふれあったり抱き合ったりするゲームには、いのちのぬくもりがありました。

私にとって、これだけ大がかりなセミナーは初めてです。そのうえ講演をしたり、料理をつくったり、人が来たらおもてなしもしなければいけません。

うまく私たちだけで会をスムースに運営できるだろうかと、不安でした。そこで、こうしたイベントの運営に慣れている和田さんとその仲間につないでもらえば、私たちの負担も少しは軽減されると考えました。

後期は、実践編です。

私が地元の中学生または高校生に講演するのを、学校側の了解を得て見学してもらいます。次に、田中助産師と三好助産師の二人による幼児向けの出産劇を、地元の幼稚園でおこなうのを見てもらいます。研修に参加している人たちにとって、実際の現場の雰囲気を知ってもらうことは、参考になると考えたのです。

また地元で保育園を経営されている春日保育園の野町文枝園長に「育児体験をとおしての中学生との交流」を講演してもらいます。

歯科衛生士の本田さんには、歯を大切にすることはいのちを大切にすることだという話をしてもらいます。接遇の後藤さんには、地域に飛び出していく塾生に、異業種の人たちとの接し方を学んでもらいます。それぞれ地域で活躍している方たちです。

会場設営の裏話

会場設営については、みんなで知恵を絞りました。勉強も食事も二〇畳ほどの一部屋でやらなければなりません。本来なら、勉強するための机と椅子を一人ずつ用意すべきなのですが、それはとても無理です。そこでテーブルを五つ用意し、四人ずつ座ってもらう。いつでも片付けられるように、それらはすべて折り畳み式にしました。

食事はバイキング形式でおこなうので、お盆とランチプレートを用意します。香川は漆器が盛んなので、お盆は伝統工芸の讃岐彫りにしたいと考えたのですが、さすがに安いものではありません。

そこでお店には、私たちの勉強会の趣旨と、全国から来る人たちに香川の漆器の素晴らしさを宣伝したいのだと話しましたところ、手ごろなものを見つくろってくれました。それはきれいな花模様が彫られた素敵なお盆で、塾生には大変好評でした。

基本の食事を手づくり料理でもてなしたいと考えたものの、メニューを決めるのに一苦労です。研修期間中は、必要とする材料をすべてあらかじめ用意しておかなければなりません。

いのちの応援舎はマンションの一室ですから、台所も普通の家庭用です。塾生二〇人と講師陣とスタッフの食事は、少なくとも三〇人以上用意しなければいけません。二泊三日のうち、私が用意するのは四回分です。あとは有名なうどん店と、研修中の昼食は、障害者施設がつくる自然食弁当を出前してもらうことにしました。

うどん県というだけあって、高松には美味しいと評判のうどん屋は至るところにあります。

が、一度に二〇人以上収容できるところといえば限られてきます。仲間たちと何軒か食べ歩きをして、ここなら満足してもらえるというところを決めました。

塾生は全員女性で、忙しい仕事をやりくりしてセミナーに参加するのですから、楽しく美味しい食事でもてなしたい。立派で贅沢な料理はレストランで食べられますから、研修中は座りっぱなしで勉強するので、消化の良いものにしようと考えました。

ともかく野菜や果物をたくさん食べてもらいたい。そこで野菜は煮物を中心とし、ごはんは雑穀の入ったものや、豆ごはんなどをあらかじめ私の自宅で煮たり、炊いたりして鍋釜ごと車で運びます。

果物について四国は柑橘《かんきつ》類の宝庫ですから、さまざまな種類の用意ができます。息子の小・中の野球仲間でみかんを栽培しているプロが、市場に出せない不揃いのみかんをジュースにしたらとたくさんもってきてくれたので、仲間と夜なべで皮をむいてはミキサーにかけ、ペットボトルにいれて冷凍しました。会場の一廓には、コーヒー、紅茶、ハーブティー等々をいつでも飲めるようにお茶のコーナーをもうけました。紙コップだけではもろいので、プラスチック製のカップホルダーに紙コップをのせマイカップと名付け、名前を書いて一日使って紙コップのみ捨てることにしました。

会場設営の準備が整ってみると、高松でおこなうセミナーにどれだけの人が参加してくれるのかが問題でした。うれしいことに二〇人定員のところに、その倍以上の参加申し込みが全国からあって、本当にびっくりしました。

まさにうれしい悲鳴なのですが、仕方なく抽選で二二人を選ぶことにして、抽選にもれた方は次回にさせていただきました。

前期セミナー開講

五月二四日（金）。いよいよ開講です。

さわやかに晴れて、まずは幸先よいスタートです。午前一一時ころから、セミナー生が会場に次々と入ってきます。

玄関前には、NTT高松病院時代の助産師仲間が丹精した見事なバラが飾られ、華やかさを添えています。若いころから生け花を習っている夫が活けたものです。夫は会社員時代も会社の玄関に飾る花はいつも活けていたそうです。

勉強会は午後からなので、お昼をすませてきてくださいということになっていますが、飛行機や電車の都合で食べる時間もなく、会場に駆けつける方もいます。みんな現役の助産師ですから、その忙しさは私たちがよくわかっています。

すぐ食べられるようにと、豆ごはんと赤飯のおにぎりを各五〇個ずつとお漬け物を用意しました。これが好評で、みなさんそれぞれおにぎりを食べながら、自己紹介しあっています。

二二人もの女性たちで、会場は一気に盛り上がってきました。私とスタッフのテンションも上がります。

午後一時。開会の挨拶のあと、学習会の進め方についての説明。そのあと、私が「いのちの応援塾の夢」と題して一時間半近く話します。

三時過ぎから三〇分、ティータイム。

四時から「いのちの出前講座ができるまで」と題して、仲間の所産師・田中幸子と三好博子が話します。

六時には、本日の学習を終了し、簡単に出席者の自己紹介をしあって、塾生たちが楽しみにしている夕食です。

「いよいよ讃岐のうどんが食べられるのですねえ」と期待している塾生たちを引率して、うどんやへ向かいます。高松にはうどん店は、それこそごまんとあります。農家の納屋を改造したもの、倉庫を改造したもの、どんぶりを抱えてペットボトルに入ったおつゆを自分でいれて、ゆでたてうどんを入れてもらい、いろんな種類の天ぷらをトッピングしながら食べるセルフのところ等々。

私たちが選んだお店は、県外から来たお客さまをゆっくりともてなすことのできる立派なお庭がある古民家です。たっぷりとさぬきうどんを食べた後は、会場にもどってみんなでおしゃべりです。

果物やお菓子をつまむ人、ビールを飲む人。二二人の女性が日ごろの多忙から開放されて話に花が咲きます。塾生がおみやげにもってきてくれた地方色豊かなお菓子も豊富です。話が盛り上がりますが、初日ですから明日の研修に備えて早めに解散です。

二日目。

朝七時から希望者のみで屋島散歩です。屋島の山頂から瀬戸内海が一望できます。小豆島《しょうどしま》、桃太郎伝説の女木島《めぎじま》が明るい陽光に輝くのを見ながら、散歩します。私たちスタッフは会場を設営して、朝ごはんを用意します。

八時から朝食。バイキング形式ですから、それぞれがお盆の上にランチプレートを乗せて、トッピングしていきます。三重から来た塾生手作りのパンが好評です。私たちがにぎったおにぎり、味噌汁、魚の干物、しょうゆ豆、サラダ、ヨーグルト、ハム、ソーセージ、果物、お茶など。

「たくさん食べると勉強のとき眠くなるから控えとこう」と言いながら、朝からみんな食欲旺盛です。

食事を終えて、午前中の勉強が始まりました。養護の先生が学校での性教育の現況について講演すると、先生の話は具体的なので、みんな真剣にメモをとっています。

トイレ休憩（マンションですから、トイレは一つしかありません。ただエントランスにもトイレがあるので、そこを利用してもらうことと、隣がホテルなのでホテルのトイレも利用させてもらう）をとって午前中の講習を一二時に終え、昼食。

自然食で評判のお弁当が届けられているので、台所ではアサリの味噌汁を大鍋で用意しました。インスタントの味噌汁はいくらでも売っていますが、美味しい食事を食べてもらいたいと考えていますから、手作りにしました。

午後。レクリエーションの時間です。

講師の和田さんが、いきなり自作の歌でスタートします。横で田中一裕さんがギターをひきます。あまりにも大きな声だったから、塾生が一斉に身を引くのがわかりました。なかには呆気にとられて「なんなの、この人？」と険しい顔で講師を見つめています。

塾生の反応に、私は思わず吹き出しそうになりました。実を言うと、塾生の反応は、初めて和田さんと出会ったときの私そのものだったからです。さて、塾生は和田さんをどう受け止めるだろうかと心が高鳴ります。

最初は警戒していたものの、グループで歌を作詞するという課題を出された塾生は、とまどっています。無理もありません。よほどの音楽好きでないかぎり、作詞をやったことはないでしょう。それに助産師は独立心旺盛で気の強い人が多いですから、グループで一つの課題を考えるというのは、多分初めての経験でしょう。

それでも額をつき合わせて話し合っているうちに、次第に盛り上がってきたようです。和田さんはうまくみんなの心をつかんだようです。

いよいよグループごとにつくった作詞の発表です。和田さんの仲間・田中さんのひくギターで、発表グループが自作の歌を歌います。五つのグループがそれぞれ披露しあうとき、笑いと拍手が交錯し、会場が熱気につつまれていきます。自分を開放して楽しんでいる塾生たち——それは生きていることを実感している姿そのものでした。

最初険しい顔をしていた何人かの顔が紅潮し輝いています。私はうれしくなってきました。この経験はきっとなんらかのかたちで活かされることでしょう。

にぎやかなレクリエーション学習のあと、セミナー中の大きなイベント、親睦会です。会場の椅子を片付け、パーティ会場に早変わり。この日のために相棒・真鍋の義母が讃岐の郷土料理カンカンずしをつくってくれました。

カンカンずしとは、大きな長方形のすし枠でつくった青魚の押しずしのことです。魚は瀬戸内特産のサワラやアジ、コノシロが使われます。この日は春ですからサワラです。すし箱に葉らんを敷き、すし飯を五センチの厚みに詰め、しっかり酢でしめたさわらを並べていきます。これを何段も重ね、大きなすし枠に納め、桟《さん》をして木槌《きづち》でくさびを打ち込みます。このときカンカンと音がするのでカンカンずしと言われたのでしょう。重石をかけ、一晩おいて味をなじませたものを切り分けていただくのです。

このほかには、カツオのたたき、根菜類たっぷりの煮物、天ぷら、カツ、素麺入りおすまし、漬け物、フルーツポンチと、ところ狭しと並びます。

カツオのたたきは、土佐高知から取り寄せています。私も夫も土佐出身なので、カツオのたたきにはうるさい。大皿に盛られたカツオにニンニク、新タマネギ、大葉、きゅうりの千切り、ネギをたっぷりとのせました。

特産のそら豆とエビのてんぷらはビールの肴《さかな》にあいます。四国で天ぷらというのは練り物を油であげたもので、さつまあげのようなものです。

美味しい食事に適度のアルコールが入った塾生たちのお口は、ますますなめらかになって、おしゃべりの渦があちこちにできています。塾生のひとりが会場の興奮を気にして、「ご近所迷惑では？」と心配そうに私に聞いてきます。

「いいえ、大丈夫ですよ。きちんとご挨拶はしてありますから、どうぞご心配なく」と伝えました。ホテルのパーティ会場ではないのですから、心配されるのも無理はありません。ですが、私は事前に両隣、上下の階の方にこういう行事をおこないますが、よろしくお願いしますという挨拶をしています。

いのちの応援舎には、普段でもいろんな方が訪ねてきます。いろんな行事もおこなっています。どんなときでも、近隣に黙って事を進めることはしません。普段のおつきあいを欠かしません。そして行事が終わるやいなや、手みやげを持参してきちんとご挨拶にうかがいます。またマンション内の役員を積極的に引き受けます。この普段から近隣の地域の方々と緊密なつきあいをしていくことは、地域で活動するときの鉄則だと私は考えています。

九時。パーティは散会です。

明日は昼で終了しますから、朝は早めにスタートします。それぞれホテルにもどって休んでいただくことにしました。ホテルのお風呂ではなく、大きなお風呂に入りたいという希望者には、クアハウスへ誘導します。結構大勢の方が希望されるので、スタッフ数人が車で案内しました。

実はお風呂について苦情が出ていました。隣のビジネスホテルでは、シャンプー、リンスが常備されていなかったのです。これは私たちの調査不足でした。おかげで後期のときには、シャンプーとリンスの小瓶を用意して、よろこばれました。

三日目（日）。朝食は七時半から八時半。

五穀米のおにぎりと味噌汁、アジの干物、筑前煮、トーストと各種のパン、ウインナーにサラダ、ゆで卵、ヨーグルト、コーヒー、ジュース、牛乳などをみなさん元気に食べてくれます。

九時から一〇時まで、真鍋由紀子が「勤務助産師のおこなう性教育」を講演。

一〇時から私が「看護職だからできる性教育」を講演。

一一時。「これからの私」について受講者全員が発表します。制限時間をもうけて話してもらうことにしたのですが、話したいことがたくさんあるせいか、次第に一人三分の制限時間をオーバーする人が続出で、慌てました。

感極まって涙ぐむ人も出て、ノートに名前と出身地、感想をメモしている私もぐっと胸がつまって、涙で文字がかすんでしまう始末です。あちこちでティッシュで鼻をかむ人がいます。

「なんだか新興宗教のあつまりみたいですね」と言う私に、会場は爆笑。いのちの応援団員になりたいと考え、そのきっかけをつかみたいと考えていた塾生たちは、この二泊三日のセミナーで確かな手応えをつかんだようです。

私もまた塾生たちの反応に、ここ高松でセミナーを開いてよかったと思いました。この感動を半年後の後期につなげていかなくては、と意欲が湧いてきました。

セミナー最後の昼食はハヤシライス。時間のある人は食べてからお帰りになってくださいと言うと、「いい匂いがしていたのは、これだったのですね」とほとんど全員が食べて行かれました。なかにはお代わりする人もいて、あっという間にごはんもハヤシも空っぽです。このハヤシライスはその後定番となったのでした。

前期の講習が無事に終了しました。それぞれ「後期にまた高松で会いましょう」を合い言葉にお別れしました。急いで帰る人、またせっかく四国にきたのだから、鳴門の渦潮を観光していきたいという人たちには、夫が車で案内します。

裏方役の夫は、セミナーが終わるころには塾生たちから「ふみこパパ」と呼ばれて走りまわっていました。私の仲間の助産師たちが「ふみこパパ」と呼んでいるので、塾生にとって事務長と呼ぶより言いやすかったのでしょう。

講師の男性をのぞけば黒一点です。最初のオリエンテーションで「彼女が太陽なら、ぼくは月です」と自己紹介したものですから、塾生は「そうでしょう、そうでしょう」と大喜び。ド派手な私とは正反対に地味な夫ですが、ゴルフ、水泳、写真、俳句、エッセイ、生け花、読書と多彩な趣味人なので、「いつお嫁にいくの」といつもひやかされながら、私の秘書役に徹してくれています。

スタッフみんなで会場を片付け、いのちの応援舎の通常態勢に戻します。すべてを元通りにしたあと、いただいたお菓子でスッタフとティータイムです。泊まり込みでがんばったスタッフの顔には疲労が滲んでいますが、それ以上に満足感でいっぱいのようです。

スタッフたちが帰ったあと、私は塾生がもってきてくれたおみやげのお菓子などをもって、マンションの住人にご挨拶にうかがいました。みなさん「少しもうるさくなかったわよ」と言って、逆にねぎらいの言葉をかけてくださるのでした。

その夜。私の感動冷めやらぬうちに、ノートのメモを参考に塾生一人ひとりにハガキを書きました。こうすれば、後期に来ていただいたときにはお顔と名前が一致します。

今回北海道から八〇代のベテラン助産師の北村さんが、勉強に来てくださいました。北村さんは一番前に陣取り、熱心にメモをとったり、テープをまわしたりと、その向学心に塾生たちも励まされましたが、それ以上に私は、いのちの応援団になりたいと願う北村さんの熱い心意気に感動しました。だから、ハガキには「後期もお元気で来てくださることを楽しみにお待ちしております」としたためたのです。

広島から来ていただいた講師の和田さんに、無事前期を終えたことと御礼の電話をしたところ、和田さんは「最初は、このおじさん何者？　と怪訝《けげん》な顔していたのに、だんだん身をのりだして、真剣なまなざしになってくるのが、私にもビンビン伝わってきて、講師としてはとても心地よかったです。五万円の受講料を払ってでも何かをつかんでいきたいという彼女たちの熱意に、私のほうががんばらなくてはと思いましたよ」と言ってくれました。

後期セミナー

一〇月一一日（金）秋晴れの朝。

前期の塾生が一人も欠けることなく出席してくれるとわかって、スタッフ一同意気軒昂《いきけんこう》です。後期は私たちの実践編を直接見てもらいます。

この日の午後一時半。私が中学校で「思春期のいのちと性」について講演するのを、学校側の許可を得て、塾生たちが後方から見学します。地域の学校に出前講演したいというのが塾生たちの夢ですから、学校での雰囲気を体験してもらうのがもっともわかりやすいのです。

夕方六時から夕食。午後五時半。終了してうどんやへ。

一二日（土）。今日の朝食は高松港です。瀬戸大橋ができてから宇高連絡船は廃止されましたが、香川県には離島がたくさんあり、それぞれの島に行く定期船がサンポート高松から出港します。その港に隣接した公園で、各船の出航を見ながら朝食をしたいと私たちは計画していました。晴れてほしいと願っていましたが、うまい具合に晴天です。

この日の朝食は、ロケーションの良さだけではなく、レクリエーション学習の一環でもあると考えていました。私がレクリエーションの勉強しているときに学んだ手法を駆使《くし》します。

簡易テーブルをセットし、その上に大きなビニール袋を敷き詰め、アルミ箔で飾ります。この大きな皿にいきなりレタスを敷き、セロリ、キュウリ、ブロッコリー、トマト、バナナ、ミカン、レモン、スダチ、チーズ、ウインナー、ハム、ゆで卵、ヨーグルト、パン（ロールとフランスパン）、ジャム、バター、牛乳、紅茶、コーヒー等々を彩り華やかに盛りつけます。まさにそこがお花畑のように。

レクリエーションインストラクターの資格をとるときに、このお花畑が好評を博し、私のグループが優勝したのです。見た目の華やかさと後片付けが一瞬で済むことが高く評価されたことで、私には自信がありました。

私たちスタッフが朝食の準備をしているあいだ、塾生たちは埠頭の突端まで散歩です。散歩には私のレクリエーション仲間が引率して、高松港の見所や歴史について解説してくれます。心地良い海風を受けながら、適度の散歩をしてきた塾生が帰ってきました。

まるでお花畑のような朝食に、塾生は喚声をあげて食べ始めます。みんな朝からテンションがあがって、声が高ぶっています。

九時半から、田中幸子と三好博子による子どもへの性教育の実践を見学します。

一〇時半。春日保育園園長・野町文枝さん「育児体験をとおしての中学生との交流」について講演。

いのちの応援舎にもどって昼食。

午後一時。前期、後期の講義を通して、また自分たちがいままでに実施してきたことを踏まえて、私たちはこういう性教育をしたいというのをグループごとにまとめる。「花を華にする——自分を輝かせるために」。

夕食は、秋ですから松茸ごはんにしました。松茸の汁物、お刺身、揚げ物、煮物、漬け物、など。広島の田中一裕さんが、農家をまわって買ってきてくれた松茸はみごとな香りで、もうそれだけで会場は盛り上がります。「贅沢ですね」と塾生が心配してくれました。

前期で顔なじみになった仲間との再会は、まるで女学生のようでした。

午後七時半から交流会です。この夜のオードブルは、土佐の郷土料理として名高い皿鉢《さわち》料理です。私たち夫婦は土佐の出身ですから、なにか晴れの行事といえば、この皿鉢料理が欠かせません。

いろんな種類があります。酒のつまみから甘味まですべてが大皿に豪華に盛りつけられていることで、老若何女がこの一皿で楽しむことができます。この日のために、高知市内の親戚を通じて美味しいと評判のお店に注文してありました。

できたての皿鉢を供したいので、私たちが勉強しているあいだに、夫は高知まで車を飛ばします。片道二時間半かかります。香川の名物うどんを満喫してもらったのですから、土佐の名物も満喫してほしいと思ったのです。

一〇月一三（日）。いよいよセミナー最終日です。

八時から朝食。

九時から、塾生各自の「私の性教育」の発表です。セミナーに参加した自分はどんな方向に進んでいきたいかの決意表明です。

それぞれが、自分の住む地域でなんらかのかたちでいのちの応援団員になっていく自信がつきましたと興奮気味に語るうちに、またしても涙、涙となってしまいました。メモをとる私も、この高松でのセミナーが役に立ったと言っていただけたことがうれしく、涙が止まりません。そしてみなさんに、食事がほんとに美味しくて、太ってしまいましたと言っていただいたとき、すべての苦労も疲れもふっとびました。

一一時二〇分から、修了式。

修了証書が各自に授与され、塾長の挨拶と修了生代表が挨拶。いのちの応援塾セミナー第一期生の旅立ちです。

一二時三〇分から、ハヤシライスの昼食で、散会しました。

セミナーを終了する

このいのちの応援塾のセミナーは、平成二二（二〇一〇）年一〇月、一一回目をもって終了しました。九年間で二二〇名もの方が修了され、いのちの応援団員が全国にいてくれたらという私の願いは、さまざまなかたちで実践されています。私の役割は十分果たしたと総括して、終了することにしたのです。

また、セミナーを開催してきた一〇年近くのあいだに、みんなの駆け込み寺としてスタートしたいのちの応援舎は、**【NPO法人いのちの応援舎】**として、二〇〇六（平成一六）年に助産院と高齢者施設を併設した小規模多機能型福祉施設を建てて活動の幅を大きく広げました。私はその理事長と講演、そして現役助産師として赤ちゃんをとりあげるのとでますます多忙になっていました。

いのちの応援塾セミナーは、スタートしてから五年目にこの新しい施設に場所を移したことで、マンションでやっていたときよりも、何をやるにも便利になりました。なによりうれしかったのは、厨房施設が完備しているので、食事づくりが楽になったことです。

地方でおこなうセミナーに何人が参加してくれるだろうか、と最初はドキドキでした。学ぶための環境は、充分ではありません。ですが、主宰する私たちの熱い思いと塾生たちの地域の応援団員になりたいという熱意が深く交差したとき、さまざまな不備は問題になりませんでした。それどころか、二回目以降からは、修了した人たち自身が口コミで広げてくださり、他にも受講者が看護協会の雑誌に、こんな面白いセミナーが高松で開かれていますよと投稿してくれたりしたことで、九年ものあいだつづけてくることができました。

すでに地域に飛び出して活躍している修了生の中には、みずからの活動拠点でいのちの応援塾を開催する人たちも出てきました。

塾生一期生の大阪の助産師は、塾頭の私とレクリエーションの和田さんと田中さんを招いて、泉佐野市で二泊三日のセミナーを開催したのです。私たちがやったように、大阪でいのちの応援団としてがんばっておられる方々が講師です。食事も助産師のおねえさんが協力されて手作りのものが供されました。塾頭の私としては、感無量でした。

また長野では、検査技師の中村さんが小川村林りん館で一泊二日のセミナーを開催し、そこにも私と和田さんが招かれました。宿舎の人たちがつくるバーベキューをアルプスを眺めながら食べ、医療職、看護職の二〇人と歓談しました。

検査技師の中村さんは、検査を依頼されたおりものを調べているうちに十代のクラミジア感染率の高さに驚いたそうです。どうにかしなくてはいけないと考えていたとき、友人の助産師がいのちの応援塾セミナーに参加して、とても面白い勉強会だったと話すのを聞いてセミナーに参加されました。

セミナーでは私の話のほかに和田さんのレクリエーションにも触発され、長野でもセミナーを開催したいと、医療職の仲間や子どもたちの教師、友人に呼びかけたのでした。このときをきっかけに、いまも私は長野からよく講演を依頼されます。

マンションの一室から全国に発信したいのちの応援塾。ここで学んだ塾生たちによって、いろんな人たちがいのちの応援を、それぞれの地域で展開されています。そこで、ここで学んだ修了生を一堂に会して、二〇〇九（平成二一）年一一月一日（日）、パーティをささやかにひらくことにしました。

このときは、高松駅に近い場所に会場を借りました。全国から大勢の修了生たちが馳せ参じて、一時楽しい時間をもったのでした。

第4章 NPO法人いのちの応援舎

五人の退職者の夢プロジェクト

「だれもが相談できる駆け込み寺」として〔いのちの応援舎〕を設けたのが、一九九九（平成一一）年八月のことでした。若い人からお年寄りまで、年齢性別に関係なく気楽にお茶を飲みに立ち寄るサロンのような場所になったらと願ってはじめたいのちの応援舎で、仲間の助産師とともにいろんなことをやってきました。

すでに書きましたように、ここから発信するいのちの応援塾セミナーも開催しました。この間にも要請があれば私は、全国どんなところにも行って「いのちの応援団」のひとりとして講演をつづけていました。

そんなある日のことでした。講演の旅から帰った私に夫が「自分の入る老人施設を建てたい」と言うのです。退職後夫はホームヘルパーの資格を取りました。気まぐれではじめたヘルパーの勉強でしたが、夫は大きなカルチャーショックを受けたようです。それは講習会に参加するたびに、介護する側の大変さと介護される側の悲惨さを熱く語る様子からもわかります。

夫は介護研修がきっかけではじめた「傾聴」にのめりこみ、何度も傾聴に関する研修を受講し、「さぬき傾聴ボランティアグループ陽《ひなた》」を立ち上げました。介護の実態に触れる機会が多くなるにつれ、「お年寄りの人としての尊厳が守られていない」と嘆いていた夫が、「今日は素晴らしい介護をする人に出会った」と興奮しています。患者の信頼を得た看護にいたく感心したというその人は、大川訪問看護ステーション（香川県さぬき市）の阿部美知子さんだという。阿部さんなら私も知っている方です。

「おれは、阿部さんのように介護する側とされる側が家族のように暮らせる老人施設を建てたいなあ」とまで言う夫の話を、そのときは軽く聞き流していました。ある日、さぬき総合病院の近くを通りかかったので、阿部さんに「うちの夫がこんなこと言っていたよ」と挨拶しておこうと思って、立ち寄ってみました。

あいにく阿部さんは留守でした。そこで、助産師仲間の真鍋由紀子さんが看護部長をしているから挨拶して行こうと彼女を訪ねて「うちの夫がこんなこと言っとった」と話したところ、真鍋さんが「あんたアホじゃないの。あんた助産師やろう。一緒に助産院建てよう。私、今年で定年だから」と言うのです。「えー、そんな。この齢で助産院を開業するのは、つらいわ」と笑い飛ばして、ひとしきり雑談して帰ってきました。

しかし、この真鍋の一言が私の中に眠っていたチャレンジ魂にスイッチを入れたようです。かつて「熊本日々新聞」の平野記者の取材を受けたとき、「どんな夢をもっていますか」と聞かれて、私は「人間の一生をみるようなところを建てるのもいいかなあと考えてはいるんですが……」と応えました。時折彼に会うと「いつ建てるのですか?」と聞かれます。「夢を語っただけで、実現はむつかしいです」と、いつも否定していました。でも心の奥底では、何かしなければいけないのではないかしらと気になっていたことは確かです。

夫も私も還暦を迎えて、確実に高齢者の仲間入りです。夢を抱いていたとしても、それはあくまでも夢であって、実現するのは容易なことではありません。でも夫の言ったことと、真鍋の一言が気になって仕方ありません。私の心の中でその夢はどんどん膨らんでいったのです。

ある日のことです。助産師会の集まりのため真鍋がいのちの応援舎にやってきました。そこには私と夫、NTT時代からの仲間田中幸子がいました。四人で雑談しているうちに、真鍋と私と夫、阿部さん、そして田中幸子とで「夢プロジェクト」と名付けて、時間を作っては集まり、自分たちに何ができるだろうかと勉強会をすることにしようということになったのです。

勉強会を定期的にやるごとに、ぼんやりとした夢であった私たちのおしゃべりが、くっきりと輪郭を描きだし、現実味を帯びてきたのです。五人の夢をすべて盛り込んでいくと、私がかつて新聞記者に語った「人間の一生を見る施設」に近づいてゆきました。おじいちゃんおばあちゃん、隣近所のおじさんおばさんがいて、みんなでわが町に住む子どもたちを暖かく見守った昭和の時代の〝大家族のような生活〟です。

東京の下町の昭和三〇年代を描いた「ALWAYS　三丁目の夕日」や「寅さん」の映画が、国民的映画といわれるほど庶民に愛されたことを思い出してください。

もちろん私は、高知の山と川、緑の田畑に囲まれた町で育ちましたから映画と同じとは言いませんん。でも情景は変わっても、貧しいながらも、人びとのぬくもりにつつまれて育ったことは確かです。

明治の初期に訪日した欧米人の多くは、「日本は子どもの楽園だ」と書き残していた（渡辺京二著『逝きし世の面影』）そうですが、町中に子どもがあふれ、その子どもたちがおとなに見守られていた時代が確かにありました。しかし、そうしたおとなたちの暖かい視線がいつのまにか少なくなっていくにつれて、大家族が敬遠されるようになっていったのでした。

私は、施設をつくるのなら、大家族のように生活する施設にしたいと思うようになっていました。それは私が育った昭和の時代への郷愁ではないかといわれれば、そうかもしれません。でも長年子育て中のお母さんや子どもたちと接するなかで、人は人とつながっていたいのだと痛感していました。

その思いがあったから、みんなの駆け込み寺としての〔いのちの応援舎〕を設けたのでした。そして今度は、いのちの誕生からゆたかな老後まで、それぞれの時代をサポートするための「小規模多機能型福祉施設」をつくって、昭和のあの時代のご近所のおじさん、おばさん、おじいちゃんおばあちゃんたちのように、若い人たちの「いのちの応援」をしたいと考えたのです。

一年近くの勉強会の結果つくった私たちの夢の青写真は、一階に助産院、二階に老人のデイサービス、三階に老人のグループリビングの施設、これらを一つにした多機能型の小施設でした。

早速、みんなの夢がつまった施設の図面をつくってみました。もうみんなで興奮しました。無理もありません。そんな施設は日本全国探しても、どこにもないのですから。そこで、全国にあるいろんな施設をまずはこの目で見てみようと、ちょっとした旅行気分で、仲間たちと広島や神奈川、東京などの施設を見学しました。どの施設を見ても、私たちの描く施設とは違います。見学から帰ってくるたびに、ますます夢が膨らんでいきました。

悪戦苦闘のＮＰＯ法人いのちの応援舎設立

駆け込み寺・いのちの応援舎は、私個人が始めたものでしたが、これから私たちのやりたいと考える施設は、私個人のものではないので、きちんとしておく必要があります。

ＮＰＯ法人としてのいのちの応援舎を設立しようと考えました。まずは行政との折衝です。担当部署に出向き、自分たちの計画を説明しました。早速第一の壁です。助産院は非営利事業ではないためＮＰＯ法人にはならない、と言われました。確かに、ＮＰＯ法人の事業内容にその項目はありませんでした。

やむなく介護施設はＮＰＯ、助産院は株式会社で運営することにしました。計画のアウトラインを法務局にも説明に出向き、われわれのやろうとしていることに法的な問題はないとの回答をいただきました。

ＮＰＯ法人であれ、株式会社であれ、その設立手続きは大変な手間がいることを初めて知りました。多くの場合、定款《ていかん》の作成、その認可、登記などの手続きはそれぞれの専門職に依頼しているそうです。しかしそれには数十万円単位の費用がかかります。

我々はそれを自分たちでやることにしました。数億円はかかると思われるこれからやろうとする事業に、その資金の目途が立っているわけではありません。無駄なお金はかけられません。それは大変な作業でした。定年退職後の看護職仲間が立ち上げる福祉施設です。行政担当の方も我々の意をくみ全面的に協力してくださるだろうと思っていました。我々の甘えでした。

まずは定款作りです。事業をおこなうためには、事業内容、組織、そのための規則などを定めなければなりません。高齢者と小さな子どもが対象になるため、役所の関係部署も数ヵ所になります。困ったのは、それぞれの部署で指導される内容が少しずつ違う場合があります。それぞれの部署が話し合いをして調整することはありませんでした。双方を何度か行き来し、まとめあげました。

夫は民間企業員でした。何か始める場合は、関連部署の人間が一堂に会して議論するのでもっと効率よくことが進むのに、とぼやいていました。

定款の原案ができると、法務局での認証作業です。何度も出向いて指導を受けました。そこでも行くたびに担当が違います。親切な方もいれば、そうでない方もいます。ここに捨印を押してくださいと言われ、翌日持参しました。次のページをめくり、ここにもいりますよと言われました。

さすがに私も頭に血が上りました。なぜ昨日もっと親切に教えてくださらないんですか、これだけのために何度も足を運ばなきゃならないんですよ、と詰め寄りました。これだけのことをやるんだから、これくらいのことは知っていると思っていた、というのが返事でした。行政相手に甘えは通用しないことを、身をもって知りました。

さらにショッキングな一言が、担当官の口から発せられました。

「助産院を株式会社で運営することは、法的には何の問題もありません。だからと言って、それが可能かどうかは別問題ですよ」の言葉です。

私たちは青くなりました。足が震えました。開業は間近なのです。いろいろ手を尽くしましたが、やはり株式会社での助産院運営はできませんでした。

でも大勢の方に助けていただきました。私たちのことをよく見ていただいていた方々のご尽力により、ＮＰＯ法人として助産院を運営できることになりました。ただただ感謝です。

私は喧嘩早くていけません。行く先々でやってしまいます。認可のお伺いを立てるほうと、認可を下す側の立場をわかっていないのです。私たちはこんないいことをするんだから、あなたたちももっと親切に指導してくれるのが当たり前だろう、と思ってしまいます。

もともとへりくだって相手の顔色をうかがいながら話すなんてできないし、思ったことはすべて口に出す性分です。いつもの仲間たちですと、こんな私をわかってくれています。でも今回はそうはいきません。

帰ってから、夫と真鍋に厳しくたしなめられました。「文子をつれて行ったら、わやにするけん」と、私は外されてしまいました。もっとも、私は行政や法律にはうといので、素直に二人に任せることにしました。特に真鍋の緻密な頭脳と突破力がなければ、この事業は立ち上げることはできなかったと思います。真鍋にもただただ感謝です。

紆余《うよ》曲折はありましたが、「NPO法人いのちの応援舎」は認可され、その事業として高齢者支援事業、助産事業、子育て支援事業、講演事業、思春期支援事業、更年期支援事業、いのちの応援塾セミナー事業、ボランティア研修事業などの小規模多機能福祉施設としてスタートすることになりました。

今回の事業立ち上げで、県や法務局の方々には大変お世話になりました。その中で感じたことがあります。

担当の方たちに、ほとんど笑顔が見られなかったということです。必要最小限の助言や指導だったような気がします。お仕事柄、私たちよりははるかに多い知識や経験をおもちだと思います。一緒になってものを作り上げていけば、もっと楽しく、もっといいものができるような気がしました。でも、いま冷静になって考えてみると、これでよかったのだと思います。おかげでずいぶん勉強しました。規則、基準をずいぶん読みましたし、慣れないパソコンで定款やいろんな規則をつくりました。それがいま、自分たちの力になっているような気がします。

事業がスタートしてからは、行政の方にはいろんな指導や情報をいただき、子育て支援や高齢者支援をより充実したものにすることができました。ありがとうございました。

夢の輪、人の輪

夢の実現化にむけて、動きはじた私たちは、たちどころに厳しい現実に直面しました。冷静に考えれば至極当然なのですが、夢のプロジェクトに酔っていた私たちが考えた施設は、三億円もの資金を必要とするものだったのです。私たちにはそんな大金も実績もないのに、土地探しや融資の相談に行ったのですから、無謀そのものでした。

ある銀行の寮を閉鎖するという情報を得たときのことです。早速貸してもらいたいと交渉に行くと、「数年は、売却も賃貸も考えておりません」とまったく相手にしてもらえません。ところが、そこにはいま、マンションが建っています。

また夫が給料振込みで二十数年付き合いのある都市銀行へ融資の相談に行ったところ、担当者の一存で門前払いされてしまいました。つまるところ担保と保証人でした。我々にそんなものはありません。退職金が出たとき、かわいい女性行員を担当につけて投資信託を買わせたときとは大変な違いです。

五人で検討を重ね、建物は三階から二階に、中身はデイサービスとお産、病後児保育に縮小し、もっともやりたかったグループリビングはあきらめました。

規模を縮小したとはいえ、施設の敷地は少なくとも五〇〇坪以上は必要です。それだけの空間を高松市内で探すのは結構困難です。それでも私たちはあきらめることなく、友人知人に夢を吹聴して、どこかに貸してくれる土地がないだろうかと根気強く探していたところ、耳よりな話が入ってきました。

〔いのちの応援舎（マンションの一室）〕の近くに七〇〇坪の田んぼがあって、そこなら貸してくれるのではないかというのです。早速地主さんのお宅に交渉に行きました。私たちは二〇年間の定期借地を考えていましたが、地主さんは売却を望んでいました。

立地条件は抜群です。五人で検討した結果、借りるよりも買おうということになりました。

運転資金に充てていたお金をそれに充てました。一定の収入が入るようになるまで苦労しましたが、あのとき賃貸ではなく購入しておいてよかったと思います。

さて、土地は手に入れたものの、建物の代金をどうするか。

銀行から借りるより仕方ないのですから、いろんな銀行にアタックしてみました。銀行によっては貸さないというわけではなかったのです。ただ、このような複合施設は日本では初めてなので事例がなかったこと、私たちの年齢が六〇歳を過ぎていること、助産院と高齢者施設ではたして返済ができるのかということなど、銀行としては不安だったのだと思います。

いまでは笑い話ですが、当時、銀行の融資係との交渉で「保証人は?」と聞かれると、私は「真鍋です」と言い、真鍋は「山本です」と言うのですから、不安になって融資を渋るのも当然です。

そんなとき、地元銀行のA氏に出会ったのです。彼は私たちの夢に興味をもって、話を聞いてくれました。彼自身が子育て中だということもあったのでしょうが、融資案件として検討してみたいと言ってくれたのです。実際は、助産院と高齢者のデイサービスをひとつの施設にするという話は例がないだけに、銀行としても検討案件にするのは相当むずかしかったと思います。彼はものすごくがんばってくれたおかげで、融資をしてもいいというところまでこぎつけたのです。彼と出会えたことは、私たちにとって大変な幸運でした。彼がいなければ、私たちの夢は潰《つい》えていたかもしれません。

現実の壁の厚さにへこたれそうになりながら、こうなったら、私がやらないでだれがやるというのかと闘志が湧いてきます。

それにしても、資金が足りません。

どうやってお金を工面するかと、みんなで知恵を絞りました。人は簡単にお金を貸してくれません。これまで五人とも病院勤務や、大手企業で働いていましたから、大きな借金をしたこともないし、その人脈もありません。

夢を実現するためとはいえ、退職後に億単位のお金を借りることについて、すごいストレスを感じます。このまいままでどおりの生活をつづけていく分には、生活上困ることはないのですから、だれか一人が「夢を見ただけ良かったということにして、もうこの辺でやめよう」と言えば、やめたのかもしれません。でもだれもやめようよ、とは言わなかったのです。

相棒の真鍋と私は、看護連盟会長（当時）をやられている臼杵先生に相談したところ、「それは私がやりたかった夢でもあります。結局できませんでした。応援するからやりなさい」と励ましてくれました。香川県看護協会の山本良子会長（当時）も「賛成です。できるだけ応援しますよ」と言ってくれました。二人の先輩が強く私たちの背中を押してくれたのです。

悩み抜いた挙句、それぞれの友人や先輩、そして全国にいる仲間たちに、私たちの夢のプロジェクトを話してみて、私たちと一緒に夢を紡《つむ》いでもらおうと考えついたのでした。つまり、夢を買ってもらうのです。いいアイディアだとは思うものの、相手に負担をかけるのではないか、もし返せなかったらどうしよう、と考えだしたらきりがありません。でも試してみないで怯《ひる》むのは、納得できません。

そこで一口一〇〇万円、利子は夢です、という手紙を出してみて、一ヵ月待って、集まらないときは潔《いさぎよ》く中止しようという覚悟を決めて、全国にいる仲間や友人、知人、先輩、合わせて一〇〇人の方々に以下のような手紙を出したのです。

このときは本当に悩みました。相手の方の状況は何も考えず、こちらの虫のいいお願いを一方的にぶっつけるのですから。一〇〇万円といえば大金です。このことで相手の方を苦しめることがありはしないか、なぜ私に言ってこないんだ水臭いと怒られはしないか、友人関係が壊れはしないかなどきりがありません。手紙をポストに入れる瞬間まで悩みました。

【夢を買っていただけませんか】

風薫る五月、こいのぼりが気持ちよさそうに泳いでいる今日この頃ですが、皆様いかがおすごしでしょうか。

私たち「いのちの応援舎」ではかねてから思い描いておりました複合型福祉施設を創

ることにいたしました。長い人生をとおして妊娠、出産、子育て、思春期、更年期から老年期の人たちが、よりその人らしく生きることを支援するための施設です。

志を同じくする看護職の仲間たちで助産院、病後児保育、子供デイサービス・高齢者デイサービス等をする予定です。

夢をいっぱいに膨らますためには相当の資金が必要となります。

そこで、皆様に一口一〇〇万円、利子は夢ということでご支援をお願いしたいのです。ご返済につきましては、五年後を目途にお返しできるよう精一杯努力する覚悟でございます。

ご賛同いただけましたら、お手数ですが融資連絡書にご記入のうえ同封させていただきました返信用封筒にてご返送ください。勝手ではございますが。五月末までにお返事いただければ幸いです。

夢の実現のために、どうぞお力を貸して頂けますようお願い申し上げます。

ＮＰＯ法人いのちの応援舎　山本　文子

真鍋由紀子

「夢を買いましょう」と続々と振り込まれる

一〇〇人の方々が、どんな思いで私たちの手紙を読んでくださり、果たして一ヵ月の期限内にどれくらいの人が応じてくれるのか、それはだれにもわかりません。黙ってみなさまの判断を待つだけです。

手紙を投函して数日後。

数人の方々から「あなた方の夢を買いましょう」という励ましとともに、融資の申し込みが返ってきました。なかには「五口買います」とか、「返さなくてもいいですよ」とか、もう信じられないような言葉を添えてくださる方もいました。

おそらくみなさんは、この計画が失敗したらお金は返ってこないことを承知で融資してくださったと思います。あまりのうれしさとありがたさに、みんなで泣きました。

そしてまたたく間に一億円もの大金が集まったのです。担保もなく、利子も払いません、返済は五年後です、と広言する私たちの夢に一〇〇人近い人が「共に夢を紡いでみたい」と思ってくださったのです。

私たちのこれまでの地道な活動をきちんと評価され、「信用しているから、がんばって!」と出資してくださるのだと思うと、勇気が湧いてきます。

思わぬ方からの申し込みもありました。東京の歯医者さんで治療を受けたとき、この話をしたら、歯医者さんの奥様が、「人の一生を見る施設とは、すばらしい構想ですね。たくさんお金が集まるといいですね」と言ってくださいました。

その後しばらくして、奥様から東京に来られたらぜひ寄ってくださいと連絡があったので、治療をかねて医院に寄ったところ、奥様が「私もあなたと夢をみたいわ」と紙袋を差し出します。中に一〇万円ずつ輪ゴムで留められたお金が一〇個入っていました。奥様のへそくりだったのでしょう。

私は御礼を申し上げ、振り込んでいただければうれしいと言うと、「今日もっていって。すぐ振り込みましょうよ」と言われます。雨の降りしきるなか、相合い傘で銀座四丁目にあるみずほ銀行に向かいました。

「あなたがこれまでがんばっているのをみてきました。五年後に無理して返そうと思わなくていいの」と私の肩をそっとおします。私の胸は感動で熱くふるえました。人は認められ、信用されることほどうれしいことはありません。

銀行も続々と振り込まれる全国からの融資に、ほんとうに驚いたようです。あのおばさんたちにこんな隠し球があったのか。女のパワーは侮れない。かならず夢を実現するだろう、と確信したと後に笑って言っていました。

資金の手当てがついたときから、施設の建設にむけて具体的な作業が始まりました。私たちは、昔の大きな木造家屋のような施設をつくりたいと考えていました。助産院と幼児と老人がひとつ屋根の下で日常を共にするのですから、木の香りと縁側のある古民家が理想です。その大きな家の縁側で、老人と赤ちゃんが〝ひなたぼっこ〟をしているような施設にしたいと思い描いたのです。

しかし、現実には古民家というわけにはいきません。そこは現代風にアレンジしたものになります。夫の友人に建設関係の人がいたので、彼と夫は何度も検討した結果、この手の建設をたくさん手がけている大和ハウスに建設をお願いすることにしました。

建築が始まると、さまざまなことを検討し、決めていかなければなりません。講演にとびまわる私の帰りを待って、検討会が開かれます。これから大きな借金を背負っていくのですが、不安で眠れないということはありませんでした。

それは私一人ではなく、仲間がいたからです。私の弱いところは、夫や真鍋をはじめとして田中、阿部がカバーしてくれます。それぞれ得意とする分野をもっている人たちです。彼らとの連携は、私の病院時代の経験からもうまくいく筈だという確信はありました。

実際、走りだしたら、壁の色からカーテンや食器に至るまで、細かいことも大きなことも決めなければならないことが山積しています。みんな自分の仕事をもっていましたから、思い悩むヒマも時間もなかったのです。事務長の夫が現場に張り付いてくれていました。何か相談しなければならないことが起きると、みんなに即連絡をいれてくれるので、緊急集合して決めていきました。

開所式

二〇〇六（平成一八）年一月。

ついに夢が叶《かな》いました。赤ちゃん誕生から老人のデイサービスまでをひとつ屋根の下でおこなう小規模多機能型福祉施設の建物（第4章　扉写真）が完成したのです。

七〇〇坪の土地に数寄屋づくりの鉄骨二階建て、延べ床面積六六〇平方メートルの建物の中では、お年寄りたちの介護施設デイサービス「ひなた」、「ぼっこ助産院」、病後児保育室、三歳児までの赤ちゃんとお母さんが遊ぶための「おやこ広場」、六ヵ月までの赤ちゃんの託児所が運営されます。

ここまでこぎつけるのに二年間かかりました。いや、二年で夢を実現できたのは、私たちを応援してくださった方々のおかげです。まるで昔の大きな家のような建物には、私たちの夢に協賛してくださった全国の大勢の方々の思いがいっぱいつまっているのです。共に夢を紡いでくださる人の熱い思いを受けて、いよいよ始動です。

二月六日。開所式をおこないました。時折小雪が舞う寒い日でした。

式は二階の研修室でおこないました。全国からいろんな人がお祝いにかけつけてくだり、外の寒さを吹き飛ばすような熱気につつまれて、式典がおこなわれました。

この日を迎えることができた五人は、みんな少しやせてスマートになっています。無理もありません。ちょい太めの私でさえやせてしまうほど、一つの事業を立ち上げるということは容易なことではありません。

私たちの原点である助産院は、開業にあたって産婦人科医師との連携が必須条件です。助産院があつかうお産は、あくまでも自然分娩のみです。妊娠判定をおこなうのは産婦人科医です。妊婦さんが確実に妊娠しているかどうかを産婦人科医が超音波で確認します。八週ころになると、数センチに成長した胎児が動いているのが確認できます。そこで初めて予定日が確定されます。

いまは入院施設のない産科クリニックも多くなっていますから、ドクターは「お産はどこでされますか?」と妊婦さんの希望を尋ねます。このとき妊婦さんが「ぼっこ助産院で産みたいのです」と言い、ドクターも助産院での自然分娩可能だと判断されれば、紹介状を書いてくれます。私たちは、その紹介状にもとづいて妊婦さんを見守ります。いきなりうちに来られる方もなかにはいますが、かならずドクターの紹介状持参で来てくださいとお願いしています。

こうして妊娠中期の二八週ころには、もう一度最初に診ていただいたドクターのもとで貧血等をふくめた血液検査をしてもらいます。そして三五週に入ると、出産時期が間近ですから、再度ドクターに助産院で出産可能か、それとも病院で出産したほうがいいかを診てもらいます。

このように助産院と産婦人科医とは、緊密な連携をとっているのです。ぼっこ助産院は、香川大学医学部付属病院総合周産期医療センターと連携しています。全国的にもほとんど例がありません。この手続きのために大学病院も多くの時間と手間をかけてくださったことと思います。幸運でした。赤ちゃんとお母さんの安全と安心を確保する態勢を整えることができたのですから。

というのも、助産院をとりまく環境がとても厳しくなっていたのです。私たちが開業した翌二〇〇七（平成一九）年になりますと、全国の助産院の三〇％がお医者さんとの嘱託契約を更新することができずに閉鎖に追い込まれたと新聞で大きく報道されました。

それればかりか、新規に助産院を開業しようとしても、嘱託医になっていただくための契約条件がとてもハードなため、開業が困難になっていたのです。

式典を終えたあと、みなさまに施設を見学していただきました。一階の玄関を入ったすぐの正面に、高齢者のデイサービス室とその右奥に高齢者のための入浴施設があります。

左側廊下の奥には、助産の施設と保育室が廊下ですべてつながっています。式典をおこなった二階は、ふだんはなにも置かないフロアで、おやこが自由に遊べる場所です。「おやこひろば」を二階にしたのは、海外の事情に精通している友人に「お年寄りと赤ちゃんや幼い子どもがずっと一緒だと、双方が疲れてしまうから」と助言されたことを参考にしました。ですから、いまでもお年寄りたちと子どもの接触は時間を決めて、双方が疲れないように気配りしています。

私たちがもっとも力をいれたのは、助産院です。診察室の奥に洋間が三部屋と八畳の和室、家族が泊まる一〇畳の和室はバス・トイレ付き。私たちはこの部屋を「特別室」と名付けました。三人の助産師のこれまでの産科病棟勤務の経験をふまえて設計しました。

ところが――。

後日、実際に動きだしてみると、妊婦さんの多くは特別室を希望されるか、和室を選ぶのです。なんと、私たちが考え抜いて設計した洋間を希望する人がほとんどいません。これには本当にびっくりすると同時に反省しました。それは、私たちがやってきたお産のありかたと、出産されるお母さんたちとのあいだに隔たりがあったことに、気づかなかったことでした。

結局、この洋間は後に和室に改造しました。

和室で分娩が可能かしらと疑問に思うかもしれません。かつてお産は、各家庭のお布団の上でおこなわれていました。戦後は、病院や産院の分娩台で産むのが普通で、実際私たちも病院勤務していましたから、それが当たり前と考えていました。

でも、布団の上でのお産をやってみて、和室を希望される妊婦さんの気持ちがよく理解できました。要するに、家庭の延長なのです。特に二人目、三人目を出産されるおかあさんにとって、子どもたちと一緒に寝ることもできる和室は、子どもも母親も精神的におちついていられます。この安心は、自然分娩にとって何より大切です。絶対いきむことなく、ゆっくりとおだやかな呼吸をうながし、赤ちゃんの生まれようとするリズムに合わせていくように、私たち助産師が手技を加えます。すぐそばでは、子どもや夫たちが励まします。

この建物を作るにあたって、良かったなと思う点と、失敗したなと思う点を一つずつ。

建物の外観が出来上がり、床工事にはいったときです。玄関から廊下にリノリウムというらしいんですが、ビニール系の床シートを貼っていました。見た瞬間、これは違うと直感しました。これでは病院です。ここは大家族の暮らす家を想定しています。病院では困るのです。設計段階で床材について議論した記憶がありません。即座に作業を中止してもらい、床材を再検討しました。その結果、薄茶色のフローリングを使うようにしました。数百万円の追加費用がかかります。それでもこれは譲れませんでした。

大正解でした。建物のなかどこでも子どもたちは寝転がって遊べます。安心して走ることができます。夏はお母さんたちも、床にベタッと座っておしゃべりにふけっています。少し黄色めの照明に映える床は幻想的な雰囲気があります。

失敗した点を一つ。

この建物には極端に窓が少ないのです。特に二階は排煙用窓だけで、常時開閉できる窓はありません。屋根の構造上、窓をつけるスペースがないのです。一階の喫茶室の窓も開閉できません。

設計時点で説明を受けた記憶もありません。図面上に窓らしきものがあれば、当然開閉できるものと思ってしまいます。開閉できないなどと夢にも思いませんでした。設計時点で説明があれば、当然変更できたはずです。かろうじて外の風を取り込める小窓をつけてもらいましたが、我々には不満が残り、建築屋さんは余計な出費となってしまいました。事前検討はとても大切です。

夢中の一年

二月五日にぼっこ助産院を開院し、二月二六日、最初の赤ちゃんが生まれました。真鍋助産師と二人でとりあげた赤ちゃんは女の子でした。真鍋も私もこれまでに数え切れないほどの赤ちゃんをとりあげてきましたが、この日のお産は格別の感慨がありました。赤ちゃんは茜ちゃんと命名され、現在ではもう小学生です。

開院一年間で男の子二八人、女の子四六人、計七四人の赤ちゃんが生まれています。この一年は、本当に無我夢中でした。それは事務長兼管理人の夫も同じでした。長年会社勤めをしていた夫にとって助産院での仕事をするのはすべてが初めての経験ですから、緊張と感動の日々だったようで、こんな文章を書いています。

五日間だけの孫

カミさんと四人の仲間が助産院を作った。五つの入院室を持つ大きな助産院である。そこでの私の役目は事務長兼管理人といったところ。

一番大切な仕事は留守番と当直。妊婦さんはいつ産気づくか分からない。入院している人がいないからといって助産院をカラにするわけにはいかない。日曜、祭日、夜間早朝が私の出番だ。

開院してから二カ月、四人の赤ちゃんが生まれた。

「陣痛が始まりました。今から行きます」

妊婦さんからの連絡を受けたのは、四人とも私だ。しかも決まって明け方。まず自宅で待機している二人の助産師に電話をする。玄関の鍵をあけ館内に暖房をかける。ガスを点検し、お湯の出を確認する。十分で助産師はやってくる。やがてやってきた妊婦さんの足取りは意外にしっかりしている。緊張して待っていたのに拍子抜けする。

産室に入ってしまうともう私の出番はない。もう一度布団に入るが眠れはしない。耳を澄ますがしんとしている。夜が明けると陣痛は収まり、妊婦さんはいったん家に帰った。

翌朝、昨日とまったく同じことが繰り返された。陣痛は昨日よりは強いようだ。今日は生まれる。助産師たちの顔が引き締まった。妊婦さんの御主人や子供たちがやってきた。

ここの産室は家族も泊まれる広さになっている。「ヒーヒーフー・ヒーヒーフー」事務室まで助産師の掛け声が聞こえてくる。事務所で待つ私も体を硬くして産室の気配を窺っている。

「おぎゃー・おぎゃー」

産声が聞こえてきた。ここでの初めてのお産が無事終わった。安堵《あんど》の気持ちと一緒に私の目も潤《うる》んできた。助産師が上気した顔で部屋から出てきた。額にうっすらと汗をかいている。凜《りん》として美しい顔であった。

妊婦さんは御主人に背中を預け、四歳のお子さんの「おかあさんがんばれ、おかあさんがんばれ」というはげましの声を聞きながら出産したという。御主人とそのお子さんは数日間この部屋に泊まり、ここから仕事に行った。

ここでは母子同床、母乳育児が基本だ。頻繁にお乳を飲ませなければならない。お風呂の入れ方も指導する。お母さんも忙しい。お母さんをゆっくり休ませてあげるため助産師が赤ちゃんを部屋から連れてくることがある。このときが私と赤ちゃんとの対面である。

ふわっとした抱き心地、あたたかさが胸に伝わってくる。優しい気持ちがあふれてくる。時々あける目、にぎりしめたこぶし、あくび、背伸び、泣き顔、いつまで見ていても飽きない。

時にはむずかることもある。体を揺すりながら背中をとんとんとたたいてやると、気持ちよさそうに目を閉じる。ほんの数日前までいた母親の胎内を思い出し安心するのだろう。

友達が孫の話をしたがる心境が理解できた。今までは孫のいない俺に孫の話はするなといって受け付けなかった。これからは聴いてやることにしよう。このかわいさは誰かに伝えたいだろうから。

出産から五日間の入院で赤ちゃんとお母さんは帰ってゆく。私のことなどおぼえているはずもないが幸せを祈らずにはいられない。産院の玄関で一緒に写真をとり五日間だけの孫は帰っていった。

助産院での出産を選ぶ

赤ちゃんからお年寄りまでの施設を大勢の友人知人の支えでスタートさせた私と真鍋と夫は、ここで働いてくれる職員の給料だけはきちんと払っていこうと悲壮な決意をしていました。幸い三人は、定年退職しておりましたから年金があります。当分三人の給料は数万円でやっていこう、少しでも貯めて五年後の返済に備えようと覚悟をしていました。

ところが、ぼっこ助産院での出産を希望してくれる女性が多くて、悲鳴をあげるほどではありませんが、途切れなく入院してくれます。これはほんとうにうれしいことでした。お金があるわけではありませんから、大きな宣伝はしていません。ただどういうわけか、マスコミの取材が多かったことが幸いしたのだと思います。

それに、かつて私や真鍋がとりあげた子どもたちが出産したり、私の講演を聞いてくれた人たちがうちを選んでくれたり、ここでお産したお母さんたちの口コミによる情報交換など、さまざまなかたちで浸透していきました。

助産院ではお母さんたちの部屋に「『いのちの記念日』お母さんの思い、お父さんの感想を書いてください」というノートを置いています。そのノートにこんなことを書いてくれた人がいました。

●ぼっこ助産院でのお産を選んだ理由

1　山本さんのファンだったので
2　自然なお産を望んでいたこと
3　食事が美味しいと有名だったこと
4　いのちをかけて産む姿を夫に見せたかったこと
5　見学してからは良人も大賛成でした

今回のお産は、私にとって深い意味を持っていました。それは夫に命の誕生の場面を見せることです。命をかけて生む＝夫も、命をかけて生んでくれたんだよ、ということを感じてほしかったからです。

また、私は妻として、母として絶対何があろうとも見捨てたり、捨てたり、逃げたりしないというのを見せたい！　夫を新しく産む（なんか表現変ですが…）という気持ちでした。

夫は0歳の時（生まれてまもなく）実の母に捨てられ、父親に引き取られました。当時夫の父親は、誰でもいいからお金と時間に余裕のある女の人を見つけて、保育園にあずけている夫を迎えに行ってもらい、一生懸命仕事をして夫を育ててくれていました。そして夫が二歳の時に再婚。そこから壮絶な虐待がはじまりました。夫は叩くとか、けるとかは虐待に入らないくらい普通のことだったそうです。

私が万引きするものは、本とかお菓子とかでしたが、夫はとにかく食べるもの、生きるために万引きしたそうです。

その後、小学三年生くらいになって妹が生まれてからはますますひどくなり、小学校卒業と同時に家の外のプレハブで生活し、中学はまともに行かず、家の倉庫で建築業（自営）の仕事をしていたそうです。

そして一五歳からはずっと仕事をしています。

夫二四歳の時、夫の父親は自営の建築業に失敗し、行方をくらましました。大量の借金を夫名義で作っていたことも分かり、それから夫は自分の作った借金でないことを証明するため、約三年ほど弁護士と裁判や調停等で走り回りました。

0歳で実母に捨てられ、二四歳で実父に捨てられ……。幸せな家庭をいつしか羨むようになり、冷たい性格になってしまった時、私達は結婚を決めました。

ただ二人とも子供を作ることが怖く、自分達で育てられるのか、虐待を受けた自分が父親になれるのか……と悩んだようですが、大切に育てよう！　と話し合い、今回の妊娠に至りました。

私は「山本文子さんっていう人がおってな、ぼっこ助産院で産みたいやけど……」と話しても、お産施設にはピンときていない様子でした。

ある日仕事に出掛けた夫は、現場にむかう途中〝トヨタスマイルミッション〟というラジオから流れる山本さんの声を聞いたそうです（私がつわり真っ最中のとき）。

「親に捨てられたのではなく、捨ててやったんや」という内容だったと思います。

夫もまた涙を流し、何かふっきれたように、その日から親バカになったような気がします（笑）。

「山本さんの話には〝魂〟がある、心が動くんや」と夫は言っていました。

私と夫にとって、ぼっこで出産できたこと、山本さんとの出会いは本当に大袈裟ではなく人生を変えた出来事です！　本当にありがとうございました。

「お年寄りにいいものは、妊婦さんにもいい」

助産院と高齢者のデイサービスでは、毎日食事を提供します。その食事は、基本的にすべて手作りで、両方とも同じものが出されます。性教育セミナーを開催したときもそうですが、二〇人から三〇人くらいの食事をつくるのは、さして大変ではありません。

食はいのちの源です。ここでお産されるお母さんたちが、ゆったりとした気分と美味しい食事でたっぷりおっぱいを出してもらうためにも、昔から母乳に良いとされるものを食べてもらいます。

特別なメニューがあるわけではありません。野菜や根菜類、豆類、お魚を主とする和食が中心です。それが結局のところ、妊婦さんのおっぱいの出をよくし、便通もよくします。それはまたお年寄りが食べてもいいものであるというわけです。

私が食事作りで気をつけているのは、出汁《だし》を昆布と煮干しできちんと取ることです。瀬戸内には日本一ともいえるほどのおいしい煮干しがあります。これと北海道に毎年秋に行きますから、そこでたっぷりお徳用の昆布を仕入れます。

ほかにも、お米は目の前の農家から仕入れ、施設の庭でとれたナスやキュウリ、ゴーヤなどの野菜を使います。知り合いの農家からは、野菜を採りにおいでと声がかかると飛んで行ってもらってきたり、果物も差し入れしてくださる方がいたり。

また、講演先で紹介された美味しい食品、たとえば九州の南関あげ、徳島美波町のあらめ、切り干し大根などを常に用意しておきます。時間があるときには、私がこういう食材を使って常備菜をつくっておきます。

二〇一〇年、全国の「あそこの食事はおいしい」と評判の助産院や産院のごはんレシピを紹介している雑誌（「クーヨン」一〇月号）に掲載されたことがあります。みなさんがいつも家庭で食べている食事内容なのです。

長いあいだの経験から私たちは、家族みんなが食べることのできるメニューでいいのだと考えています。おっぱいを出すには三食しっかりごはんを食べてもらいます。おやつは入院中基本的には出しません。三食きちんと食べて、赤ちゃんにおっぱいを吸わせると、マッサージする必要もなくおっぱいが出るのです。

希望される家族には、妊婦さんとともに食事できるようにしています。また退院されるまでのあいだには、産院からのお祝いを込めて〝祝い膳〟を用意します。

祝い膳の中身は、鯛の焼いたもの、エビ・野菜のてんぷら、茶碗蒸し、牛肉のしぐれ煮、豆の煮物（しょうゆ豆、黒豆など）大根と人参の紅白なます、おひつ入りお赤飯、アサリのすまし汁、フルーツなどを二段重ねの重箱に入れます。

喫茶室

玄関を入ってすぐ左側に小さな喫茶室があります。当初は中高生が相談に来たとき、リラックスして話し合いができるようにと考えてつくったのですが、親子ひろばの事業をやるようになってからは、お母さんたちのたまり場になっています。

高松には各地からの転勤族の方が大勢おられ、子どもをかかえたそうしたお母さんたちの行く場所が少ないので、市の子育て支援課はそうした親子のために場所を提供するところを募集していました。そのことを知った私たちは、性教育セミナーやいろんな研修会をおこなう場として考えていた二階の会議室を利用してもらおうと考え、応募したのです。

毎日親子がやってきて遊んで行きます。希望者にはランチを提供するのですが、特別メニューはなく、妊婦さん、お年寄りが食べるものと同じものです。

ただ喫茶室では雪解けコーヒー（熱いコーヒーとアイスクリーム。アイスクリームは自家製。近所の牧場のジャージ牛乳に和三盆をいれてつくる）と自家製アイスクリームを提供しています。

ひろばに来たお母さんたちは、各地から転勤してきて慣れない土地で、親戚も相談する人もいないなかで育児をしていますから、そうした不安や疲れを、おしゃべりすることで発散しています。二階のひろばには専門職がいて、子どもたちをみてくれますから、安心して喫茶室でコーヒーやアイスクリームを食べながら、つかの間やすらぎ、そして情報交換もしているようです。

喫茶室の木製の大きなテーブルは、私たちが吟味して購入したものです。香川は漆器産業がさかんですから、すばらしい材木がそろっています。そこでこれぞと思うものを選んだのですが、とても高価でどうしようか迷いました。なんともいえない木の肌触りと鈍い光沢を放つ大きな木に魅せられてしまい、どうしてもあきらめられません。粘り強く交渉した結果、双方納得いく金額で折り合いがつき、ようやく手にすることができました。

無垢材のテーブルは手入れが大変です。シミがつきやすく、定期的にニスを塗り替えなければなりません。でも、訪れる方がこのテーブルに集うことで癒やされるのだとしたら、少々手入れが大変でも、その価値は十分あります。

コーヒーはドリップ形式でいれます。最初のころ、コーヒーの美味しいいれ方を専門家に教わりました。アイスクリームのつくり方も教わりました。業者を入れれば簡単です。あるいは、できあいのものを提供してもよかったのかもしれません。でも私は、ここにくればほっとするという場にしたいと思っておりましたから、できるだけ私たちの心を込めてつくったものでリラックスしていただきたいのです。

喫茶室には地域の方も散歩のついでに、ひとやすみされるところとして利用されています。ある方は、子どもたちのはしゃぐ声に耳を傾け、ニコニコとコーヒーを飲んでいかれます。また、全国から見学にこられる方も、アイスクリームやコーヒーをのみながら、おしゃべりして行かれます。

助産院の「お宝」

ぼっこ助産院の待合室に、花園に遊ぶ五人の子どもが描かれた版画が飾られています。幅一一〇センチ高さ八〇センチもあるかなりの大作で「白がねも　く金《がね》も玉も　なにせむに　まされる宝　子にしかめやも」という万葉歌人・山上憶良《やまのうえのおくら》の歌が添えられています。作者は渥美大《あつみたい》童《どう》さんといって、有名な棟方志功《むなかたしこう》さんのお弟子さんだそうです。

金銀財宝よりも、子どもに勝る宝ものはない、というのですから、まさに助産院にぴったりの版画です。私たちは「ぼっこのお宝」と称して大切にしていますが、実を言いますと、この版画は十数年ものあいだ、かつて私が勤務していたNTT高松病院の廊下の壁に架けられていたのを譲り受けたものです。

一九九二年『いのちの記念日』という本を出した（出版の経緯については第三章で書いてお

ります）のですが、当時本の出版に力をかして下さった高松短期大学（現・高松大学）の土居忠行先生が、ご親交のあった渥美大童氏に『いのちの記念日』を贈呈したところ、その御礼にと渥美氏がこの版画をＮＴＴ高松病院に送ってくれたのでした。

額に入れて産婦人科外来の廊下に架けましたものの、浅学無知の私は、渥美氏のことも作品の価値も知りませんでした。ぼっこ助産院が開院してまもないある日、テレビで棟方志功氏の弟子・渥美大童氏の作品が紹介されているのを見て、驚きました。十数年前に私たちに贈られた版画に絵の感覚が似ているけど……、あれは渥美大童氏の作品だったかしら、記憶が曖昧で思い出せません。

翌日、ＮＴＴ高松病院に走りました。かつて私が架けた版画はそのままです。左余白に「為いのちの記念日編集スタッフ一同」とかかれ、その下には「一九九三・三・二　あつみ大童謹作也」と赤い落款《らっかん》があります。間違いありません、昨日テレビで見た渥美大童さんの作品です。

早速病院の幹部の方におめにかかり、当時のいきさつを説明して、その作品を私どもに譲っていただけないものかと交渉しました。昔の仲間たちの口ぞえもあり、快く譲っていただいたのでした。助産院の待合室で、毎日訪れるお母さんや赤ちゃんを見守ってくれるこの版画は、だから「お宝」なのです。

自信につながった受賞

ＮＰＯいのちの応援舎を立ち上げて二年目の二〇〇七（平成一九）年、保健衛生分野で貢献した方々に贈られる権威ある賞「第五九回保健文化賞」を私が受賞するという報せを受けたときは驚きました。

推薦してくださった香川県看護協会をはじめ、私を支えてくれた職場の同僚、いのちの応援舎のスタッフのおかげです。と同時に、自分が正しいと思うことを言いつづけることの大切さと、共感し支え合う仲間をもつことの幸せをしみじみ実感しました。これまでもいくつかの賞をいただいていました。これらの受賞は、すべて私一人に与えられたのではありません。いっしょに仕事をやる仲間たちの支えがあってこそいただいたものです。最初に受賞したとき、大変ありがたいことだと思いながらも「紙一枚じゃなくて、現金をいただけるのならいいのに」なんて冗談を言ったりしていました。

世間では「受賞が何や」と考える人が大勢います。私も以前はそうでした。でもいくつかの賞をいただくなかで、確実に変わったことがあります。それは世間の評価です。

私が子どもたちに話す性教育は過激だという噂が、学校関係に流れていました。養護の先生が「山本さんの話は過激ではない。とてもいい話だから子どもたちに聞かせたい」と言っても、職員会議で、過激な話をする助産師に話をしてもらわなくてもいいと否定されたら、養護の先生は何も言えません。

ところが、私が国や自治体から表彰されていることを知ると、反対していた先生方の態度がコロっと変わったのだそうです。受賞は、私に講演を頼みたい先生方にとって、推薦しやすい材料となったのです。

人から認められるということは、私自身の自信につながります。不思議なもので、自信をもって信じることをやりつづけていくと、お友だちもたくさんできるし、共感しあえる人との出会いも多くなります。共感しあえる人とは、私たちが立ち上げたような事業もいっしょにやることができるのです。

若い人のなかには、半年くらいがんばって「世の中が認めてくれない」と諦めやうらみごとを言ったりする人もいます。私は認めていただくのに四〇年の歳月がかかりました。その間には、これまで書いてきたように、叩かれ批判されることはしょっちゅうでした。それでも自分の信じる道を歩んでいると、まわりがいろんなかたちで助けてくれます。

助けられた人は、またほかの人を助ける、というのが人間の生きざまだと言えるでしょう。一人で完璧に何でもできるという人は、おそらくいません。成功の影には、大勢の人の支えや励ましがあるということです。

ところで、保健文化賞の受賞者は、天皇皇后両陛下に拝謁《はいえつ》するという栄をたまわるのだと聞いて、正直とてもあわてました。

いつもド派手衣装で、反抗的な子どもたちと派手さを競っている私ですから、正式の場所で着るものがありません。何を着ていいのか、頭にもうかびません。いつもの洋裁師さんに頼む時間もありません。

施設の職員が心配して、私が縫いましょうと言ってくれたので、彼女とともに生地を買いに走り、おおあわてでクリーム色の洋服をつくってもらいました。そうなると靴もバッグも私のもっているものではちぐはぐです。

周りのほうがみんなでワーワー言ってそろえてくれるのですが、私は慣れない洋服に緊張しました。久しぶりにはいたヒールのある靴で足が痛みます。両陛下にやわらかなねぎらいのお言葉をいただいたときは、痛みもふっとんでいました。その後一時間あまり皇居を参観させていただいたのですが、そのときになって、足が痛いのを思い出したのでした。

「夢」の返済

施設を開設して五年後の二〇一一（平成二三）年、私たちの夢に出資してくださった方々への返済を無事に済ますことができました。無我夢中の五年間でしたが、幸い軌道にのっていましたので、一人ひとりに感謝を込めて返済できたことは、本当にうれしかったです。

全国から支援をいただいておりましたから、銀行から振り込む人、直接御礼に伺う人とさまざまでした。一番に返したのは、私がいのちの応援塾を開いたとき、もっともご高齢で参加してくださったセミナー修了生です。八〇歳を過ぎておられましたが、お元気なうちに返済することができて安堵《あんど》しました。

「夢を買ったぞ」と言ってくれた友人の一人は、施設の開所後まもなく、病を発症したという報せに、私は急いで出資していただいた金額をもって病室に駆けつけました。「元気になったら、また貸してくださいね」とお願いしましたが、彼はアスベスト患者でしたから、助かる見込みはありません。一度も施設を見てもらえることはありませんでしたが、彼の気持ちを汲んで玄関に小さな木を植樹しました。いま、その木は「いのちの木」と命名されて、施設の入り口に植わっています。

ところで、返済することができたのだからすごいと思われるでしょうが、これは実は、銀行からの借り入れが可能になったからできたのです。

前述したように、真鍋と私と夫は、きわめて低い給料で働いておりました。そのおかげでかなりの利益が出ました。でも、これが我々の信用になりました。ところが、二年目にものすごい金額の税金を支払えと言われて、三人で卒倒せんばかりに驚いたのです。

施設の運営は順調にまわっていました。特にお産が切れ目なく入ってくれたことは大変助かりました。身を削り借金を返済するために貯めたお金です。税金を払うためではありません。それは税務署には通じません。

泣くに泣けないほど呆然としましたが、考えてみれば、それだけ順調にまわっていたということですから、きっぱりと請求された全額を税務署に納めました。

でも何が幸いするかわかりません。そのおかげで銀行は、お金が必要なときはいつでも相談してくださいと言ってくれるようになりました。五年前とは隔世の感です。

理事長辞職

私たちの夢に協賛してくださった方々への返済を済ませ、銀行から借り入れができたことで正直言って精神的にはかなり楽になりましたが、そのころから私は体力的にとてもつらくなってきていました。

相変わらず全国に講演に出かけながら、助産院の仕事もやっていたのですが、このまま兼務していたら、私は途中で倒れてしまうのではないかという危惧《きぐ》を抱くようになっていました。

幸い助産院の仕事を担ってくれる若い人が育ってきていて、彼女たちにならすべてをまかせることができるのではないかと思うようになりました。

ＮＰＯいのちの応援舎の施設は、大勢の方の力が結集してできたものですが、あくまでも私がその代表でした。代表ではあっても、施設は決して山本個人営業ではありません。ただ、私の夫は事務長兼管理人、娘は経理事務を手伝ってくれていました。途中から介護福祉士の資格をもつ息子も入ってきましたから、個人営業で世襲制なのではないかと思う人もいて、実際いろんな方にも直接そう聞かれることもありました。

私も夫も真鍋も、そういうふうにこの施設を考えたことはありません。が、世間ではそういうふうに見えるのだと思うと、正直、つらいものがありました。

娘は事務体系が整ったところで退職したのを契機に、私も後をまかせることができる人ができたら理事長を退こうと決意していました。

幸い、後任を託すことのできる助産師が育っていました。四〇代の彼女たちなら、精神的にも肉体的にも脂ののっているときですから、若いセンスで経営してくれるでしょう。私たちは基礎をつくったのですから、それをバネにのびやかにやってほしいと思うようになりました。

しかし、施設にはまだ返済しなければならない借金が残っています。私が退くことで、真鍋と若い人に犠牲を強いることになると夫をはじめいろんな方に言われました。でも、借金完済を全うするまで待っていたら、私の身体がもたないだろうという予感があります。人は限界を知ったときには、決断しなければいけません。

だからといって私は、自分が言いだしてつくった借金から逃げるつもりはありません。私のできる方法で協力していくつもりです。後任の彼女は「借金のないところなんてありませんよ」と笑って言ってくれました。頼もしい限りです。

二〇一三(平成二五)年六月。恒例のNPOいのちの応援舎の総会で、私は辞職を申し出ました。みなさんに快く承諾していただけたので、正式にいのちの応援舎の理事長を退任しました。

それにしても私が七年間理事長を務めてくることができたのは、真鍋の力がなくては不可能でした。真鍋は公立病院の看護部長を長年経験し、香川県助産師会の会長をつとめている人だけに、ものごとを順序立てて計画し、すすめていきます。この施設の立ち上げも、真鍋がいたから、難しい事務処理も行政への対処もできたのです。施設では全国から実習生がきます。そうした学生たちを集めることも、その指導も、すべて真鍋がやってくれます。私はしゃべることは得意ですが、彼女のように怜悧《れいり》ではありません。

その頭のいい彼女の苦手は料理です。夕方、私が厨房で料理をしていると「文子さーん、今日のうちの夕飯のおかずできた?」と大声で催促します。その天真爛漫なところが彼女の長所です。思わずクスリと笑って「もうちょっとでできるから、待ってて」と言ってしまいます。

私にはないものをもっている彼女と、彼女にはないものをもっている私が組んだことで成功したのだと思っています。

助産師の勉強会で初めて真鍋と会ったとき、「頭の切れる人だなあ」と注目しました。そのときは、まさかいっしょに組んでやることになるとは思わなかったのですが、私が高松でいのちの応援塾・性教育セミナーをやりたいと提案したときに、真っ先に賛成してくれたのが真鍋でした。いまの施設も真鍋がいちばん積極的でした。彼女の強い意志がなければ、途中で頓挫《とんざ》していたかもしれません。

彼女とは、よくけんかもしました。でも私の弱いところは、きちんとカバーしてくれます。互いに自分のないものをもっている友として認め合っているからこそ、ケンカしても二人でやってこられたのです。そしてなによりも、二人とも「助産師」という仕事を愛しているということです。

あとがき　いのち咲かせたい

この五〇年近いあいだ、大勢のいのちをとりあげてきました。何度とりあげても、いのちの誕生は神秘的で感動します。助産師という仕事を選んで本当に良かったと思います。誇りをもって仕事ができることは幸せなことです。

この天職ともいえる助産師の仕事をつづけてくるなかで、これまで書いてきましたように、若い人たちにいのちの大切さをわかってほしいという願いから、いのちの話を語りつづけてきました。

それは、病院の勤務をぬってであったり、フリーになったりとさまざまでしたが、お呼びがあれば、全国津々浦々どこにでも出かけていきました。それまでドクターや患者さん、看護師しか知らなかった私は、病院の外に出ていろんな人たちと出会ったことで、さまざまな生き方があることを知りました。

広島県の山間《やまあい》の小さな町で「過疎」を逆手にとって過疎と闘っている和田芳治さんとそのグループ、道の駅を提唱した熊本大学の徳野貞雄男教授、京都府丹後地方でユニークなスーパーを経営する広野公昭さん、熊本県南関町の揚げ豆腐「南関あげ」を製造している塩山治男さん、熊本県菊池市で産みたて新鮮卵の直売日本一の松岡義博さん、福岡県遠賀郡で果樹栽培とレストランを経営している小役丸秀一さん、北海道伊達市で喫茶店経営しながら地域おこしのために酒蔵を劇場にして講演会を催している長牛廣光さん、長野県小川村森の宿林りん館の丸田勉さん、島根県隠岐の島活性化に奮闘する海士《あま》町の浜見保健師さん、高校生レストランの発案者である三重県多気《たき》町役場の岸川政之さん、夕日が素晴らしい町をアピールする愛媛県双海町の若松進一さん等々。

どの方たちも、苦労して事業を興し、創意と工夫で事業をつづけている方たちですから、時折会って話をするだけで勉強になります。刺激をうけ、勇気がわいてきて、私もがんばるぞと思うのです。

二〇一三（平成二五）年六月に、NPOいのちの応援舎の代表を辞して半年以上がたちました。一時はこのままでは倒れてしまうのではないかと思うほど、身体が悲鳴をあげていました。しかし、十分な睡眠と休息のおかげでしょうか、心身に気力がみなぎってきている手応えを感じるようになってきました。

理事長を辞したとはいえ、私は週一回の当直と週末のお総菜づくりをつづけています。ぼっこ助産院でのお産希望者が多いことはうれしい限りです。真鍋を筆頭に、若い後継者たちもがんばってくれています。

私は、自分のできる範囲内で協力していきながら、私の話を聞きたいというところには、身体のつづくかぎり出かけていきたい。幼少のころからお遍路《へんろ》さんを見て育った私が、今度は若い人や、子育て中のお母さんに語りかける遍路旅に出ようと思っています。若い人のいのちを咲かせる応援をしたい、と同時にみずからのいのちも咲かせたいと願っています。

二〇一四年三月二一日　山本 文子

NPO法人 いのちの応援舎

＊

【事務所】

〒761-0101

香川県高松市春日町1176番地

TEL：087-843-8255

FAX：087-844-4135

（平日　9：00～17：00）

『いのち　咲かせたい』

二〇一四年　五月十五日　初版第一刷発行

著　者　山本 文子
発行者　和田 佐知子
発行所　株式会社　春陽堂書店
東京都中央区日本橋三―四―十六
電話 〇三（三八一一五）一六六六

デザイン　應家 洋子
印刷製本　日本ハイコム株式会社

ISBN978-4-394-90312-3　C0095